中国古文化遗址

吴 雨 著

中国商业出版社

图书在版编目（CIP）数据

中国古文化遗址 / 吴雨著 . -- 北京：中国商业出版社，2022.10
ISBN 978-7-5208-2241-1

Ⅰ.①中… Ⅱ.①吴… Ⅲ.①文化遗址—研究—中国—古代 Ⅳ.① K878

中国版本图书馆 CIP 数据核字（2022）第 171183 号

责任编辑：陈　皓
策划编辑：常　松

中国商业出版社出版发行
（www.zgsycb.com　100053　北京广安门内报国寺 1 号）
总编室：010-63180647　编辑室：010-83114579
发行部：010-83120835/8286
新华书店经销
三河市吉祥印务有限公司印刷
＊
710 毫米 ×1000 毫米　16 开　13 印张　180 千字
2022 年 10 月第 1 版　2022 年 10 月第 1 次印刷
定价：47.00 元
＊ ＊ ＊ ＊
（如有印装质量问题可更换）

序言

中国是举世闻名的文明古国，在漫长的历史发展过程中，勤劳智慧的中国人创造了丰富多彩、绚丽多姿的文化。这些经过锤炼和沉淀的古代传统文化，凝聚着华夏各族人民的性格、精神和智慧，是中华民族相互认同的标志和纽带，在人类文化的百花园中摇曳生姿，展现着自己独特的风采，对人类文化的多样性发展做出了巨大贡献。中国传统民俗文化内容广博，风格独特，深深地吸引着世界人民的目光。

2006年5月，时任浙江省委书记的习近平同志就已提出："文化通过传承为社会进步发挥基础作用，文化会促进或制约经济乃至整个社会的发展。"又说："文化的力量最终可以转化为物质的力量，文化的软实力最终可以转化为经济的硬实力。"（《浙江文化研究工程成果文库总序》）2013年他去山东考察时，再次强调：中华民族伟大复兴，需要以中华文化发展繁荣为条件。

正因如此，我们应该对中华民族文化进行广阔、全面的检视。我们应该唤醒我们民族的集体记忆，复兴我们民族的伟大精神，发展和繁荣中华民族的优秀文化，为我们民族在强国之路上阔步前行创设先决条件。实现民族文化的复兴，必须传承中华文化的优秀传统。现代的中国人，特别是年轻人，对传统文化十分感兴趣，蕴含感情。但也有些人对具体典籍、历史事实不甚了解。比如，中国是书法大国，谈起书法，有些人或许只知道些书法大家如王羲之、柳公权等的名字,知道《兰亭集序》是千古书法珍品,仅此而已。再如,我们都知道中国是闻名于世的瓷器大国,中国的瓷器令西方人叹为观止,中国也因此获得了"瓷器之国"(英语china的另一义即为瓷器)的美誉。然而关于瓷器的由来、形制的演变、纹饰的演化、烧制等瓷器文化的内涵,就知之甚少了。中国还是武术大国,然而国人的武术知识,或许更多来源于一部部精彩的武侠影视作品,对于真正的武术文化,我们也难以窥其堂奥。我国还是崇尚玉文化的国度,我们的祖先发现了这种"温润而有光泽的美石",并赋予了这种冰冷的自然物鲜活的生命力和文化性格,如"君子当温润如玉",女子应"冰清玉洁""守身如玉";"玉有五德",即"仁""义""智""勇""洁";等等。今天,熟悉这些玉文化内涵的国人也为数不多了。

也许正是有忧于此,近年来,已有不少有志之士开始了复兴中国传统文化的努力之路,读经热开始风靡海峡两岸,不少孩童以至成人开始重拾经典,在故纸旧书中品味古人的智慧,发现古文化历久弥新的魅力。电视讲坛里一波又一波对古文化的讲述,也吸引着数以万计的人,重新审视古文化的价值。现在放在读者面前的这套"中国传统民俗文化"丛书,也是这一努力的又一体现。我们现在确实应注重研究成果的学术价值和应用价值,充分发挥其认识世界、传承文化、创新理论、资政育人的重要作用。

中国的传统文化内容博大,体系庞杂,该如何下手,如何呈现?这套丛书处理得可谓系统性强,别具匠心。编者分别按物质文化、制度文化、精神文化等方面来分门别类地进行组织编写,例如,在物质文化的层面,就有纺织与印染、中国古代酒具、中国古代农具、中国古代青铜器、中国古代钱币、中国古代木雕、中国古代建筑、中国古代砖瓦、中国古代玉器、中国古代陶器、中国古代漆器、中国古代桥梁等;在精神文化的层面,就有中国古代书法、中国古代绘画、中国古代音乐、中国古代艺术、中国古代篆刻、中国古代家训、中国古代戏曲、中国古代版画等；在制度文化的层面，就有中国古代科举、中国古代官制、中国古代教育、中国古代军队、中国古代法律等。

在历史的发展长河中，中国各行各业还涌现出一大批杰出人物，至今闪耀着夺目的光辉，以启迪后人，示范来者。对此，这套丛书也给予了应有的重视，中国古代名将、中国古代名相、中国古代名帝、中国古代文人、中国古代高僧等，就是这方面的体现。

生活在21世纪的我们，或许对古人的生活颇感兴趣，他们的吃穿住用如何，如何过节，如何安排婚丧嫁娶，如何交通出行，孩子如何玩耍等，这些饶有兴趣的内容，这套"中国传统民俗文化"丛书都有所涉猎。如中国古代婚姻、中国古代丧葬、中国古代节日、中国古代民俗、中国古代礼仪、中国古代饮食、中国古代交通、中国古代家具、中国古代玩具等，这些书籍介绍的都是人们颇感兴趣、平时却无从知晓的内容。

在经济生活的层面，这套丛书安排了中国古代农业、中国古代经济、中国古代贸易、中国古代水利、中国古代赋税等内容，足以勾勒出古代人经济生活的主要内容，让今人得以窥见自己祖先的经济生活情状。

在物质遗存方面，这套丛书则选择了中国古镇、中国古代楼阁、中国古代寺庙、中国古代陵墓、中国古塔、中国古代战场、中国古村落、中国古代宫殿、中国古代城墙等内容。相信读罢这些书，喜欢中国古代物质遗存的读者，已经能掌握这一领域的大多数知识了。

除了上述内容外，其实还有很多难以归类却饶有兴趣的内容，如中国古代乞丐这样的社会史内容，也许有助于我们深入了解这些古代社会底层民众的真实生活情状，走出武侠小说家加诸他们身上的虚幻的丐帮色彩，还原他们的本来面目，加深我们对历史真实性的了解。继承和发扬中华民族几千年创造的优秀文化和民族精神是我们责无旁贷的历史责任。

不难看出，单就内容所涵盖的范围广度来说，有物质遗产，有非物质遗产，还有国粹。这套丛书无疑当得起"中国传统文化的百科全书"的美誉。这套丛书还邀约大批相关的专家、教授参与并指导了稿件的编写工作。应当指出的是，这套丛书在写作过程中，既钩稽、爬梳大量古代文化文献典籍，又参照近人与今人的研究成果，将宏观把握与微观考察相结合。在论述、阐释中，既注意重点突出，又着重于论证层次清晰，从多角度、多层面对文化现象与发展加以考察。这套丛书的出版，有助于我们走进古人的世界，了解他们的生活，去回望我们来时的路。学史使人明智，历史的回眸，有助于我们汲取古人的智慧，借历史的明灯，照亮未来的路，为我们中华民族的伟大崛起添砖加瓦。

是为序。

傅璇琮

2014年2月8日

目录

第一章 周口店遗址：远古人类化石的宝库

一、"北京人"的发现 ………………………………………… 4
二、周口店遗址 ……………………………………………… 6
三、遗产价值 ………………………………………………… 14

第二章 河姆渡遗址：繁荣的母系氏族标本

一、震撼世界的河姆渡遗址 ………………………………… 20
二、中国长江下游地区的新石器时代文化 ………………… 20
三、文物特征 ………………………………………………… 22
四、地理环境 ………………………………………………… 27
五、经济发展 ………………………………………………… 28
六、考古发现 ………………………………………………… 30
七、稻作起源问题 …………………………………………… 33

第三章 仰韶文化遗址：母系氏族到父系氏族的转变

一、仰韶文化，炎黄传说的印证 …………………………… 37
二、仰韶的陶器文化 ………………………………………… 38
三、仰韶遗址 ………………………………………………… 42
四、半坡遗址 ………………………………………………… 44

第四章　三星堆遗址：长江流域的古文明（一）

一、三星堆的发现 ………………………………… 52
二、三星堆遗址 …………………………………… 54
三、古老的青铜王国 ……………………………… 55
四、三星堆遗址出土的文物精品 ………………… 56
五、三星堆博物馆 ………………………………… 61

第五章　金沙遗址：长江流域的古文明（二）

一、金沙遗址 ……………………………………… 66
二、出土文物 ……………………………………… 66
三、独特发现 ……………………………………… 71
四、金沙遗址博物馆 ……………………………… 73

第六章　殷墟遗址：古老灿烂的青铜文明

一、中国出土最大的青铜器——司母戊大方鼎 … 79
二、54号凹形基址——"四合院"的雏形 ……… 79
三、中国最早的车马遗迹——殷墟车马坑 ……… 80
四、中国最早的文字——甲骨文 ………………… 80
五、妇好墓 ………………………………………… 83
六、YH127甲骨窖穴 ……………………………… 85
七、乙二十仿殷大殿 ……………………………… 85
八、乙七基址 ……………………………………… 86
九、殷墟的历史价值 ……………………………… 87
十、殷墟博物馆 …………………………………… 87

第七章　战国都城遗址：乱世中的文明奇葩

一、秦国雍城遗址 ·· 92
二、赵国邯郸故城遗址 ·· 94
三、燕下都遗址 ··· 99
四、临淄齐国故城遗址 ··· 104

第八章　秦遗址：大秦帝国的遗恨

一、秦咸阳城遗址 ·· 111
二、阿房宫：天下第一宫 ·· 115
三、秦始皇陵：世界上最大的地下王陵 ······················ 122

第九章　汉朝三宫遗址：大汉王朝的气魄

一、长乐宫 ··· 136
二、未央宫 ··· 138
三、建章宫 ··· 141

第十章　马王堆遗址：千年未解之谜

一、马王堆的发现 ·· 146
二、重要文物 ·· 149
三、千年女尸，未解之谜 ·· 150
四、随葬器物 ·· 151
五、"遣策"竹简 ··· 152
六、彩绘帛画 ·· 153

七、纺织品和衣物 ·················· 153
八、帛书和医简 ···················· 154

第十一章　楼兰古城：消失的沙中庞贝

一、揭开楼兰消失之谜 ············ 160
二、楼兰古国遗址区 ·············· 162

第十二章　大明宫遗址：宏大的宫殿群

一、大明宫，见证大唐王朝的兴衰 ···· 170
二、大明宫建筑风格 ·············· 174

第十三章　辽代都城遗址：契丹古文明的见证

一、辽上京遗址 ···················· 180
二、辽中京遗址 ···················· 182

第十四章　北宋东京遗址：画中的国际大都市

一、三重城垣，国际大都会的气势 ···· 190
二、四大河流，成就天下之枢 ········ 191
三、北宋东京城的桥梁 ·············· 193
四、北宋东京城的寺院 ·············· 194

参考文献 ···························· 197

第一章

周口店遗址：远古人类化石的宝库

一提到遗址，我们脑海里可能就会浮现沙漠中夕阳下的古城，或是各种早已耳熟能详的名胜古迹，这些都可以说是广义上的遗址。狭义的遗址指人类活动的遗迹，属于考古学概念。

遗址的特点表现为不完整的残存物，具有一定的区域范围，很多史前遗址、远古遗址多深埋地表以下。部分遗址虽然没有深埋，但由于历时千年，已经残缺不全，后人根据考古发现和史书记载，会进行部分或者整体的修复，希望能够还原曾经灿烂的古文明。同时，遗址还有时间上的界限。我国提到的遗址概念，一般是指清代之前的历史遗迹。本书即采用这一时间概念。元明清三代定都北京，距离当代比较近，时间上的优势使得相关遗址至今保存得都比较完好，因此本书就不再详细介绍，我们将历史的脚步停留在北宋。

我国是世界文明古国，历史悠久，遗址的数目更是不计其数。在这片幅员辽阔的土地上，勤劳智慧的华夏先祖创造了一个又一个让世界叹服的奇迹。这些奇迹有的保存良好，有的还待发掘。由于遗址的数目繁多，种类复杂，本书因篇幅限制，根据时间和地域分布，仅选取了比较有代表性的古代遗址。

每一个遗址都是一段历史的缩写，都是文明的结晶。遗址的发掘与保护，不仅能够帮助人们重新认识历史，重新开启尘封的记忆碎片，更能提升人们的民族自豪感和荣誉感。

每一个遗址都是祖先留给我们的宝贵财富。这些宝贵的财富就在那里，等待我们去观察和了解。

每一个遗址背后都有一个故事和传说。东方的神秘色彩在这些遗址上得到了充分的展现。让我们一起踏上神秘的古遗址之旅。

1987年，根据文化遗产遴选标准，周口店遗址被列入《世界遗产名录》。周口店遗址位于北京市房山区周口店镇龙骨山北部，距北京城约50千米，属于全国重点文物保护单位，是世界上迄今为止人类化石材料最丰富、最生动、最系统、最有价值，植物化石门类最齐全、研究最深入的旧石器时代早期的古人类遗址。

1921—1927年，考古学家先后3次在"北京人"洞穴遗址外发现3颗人类牙齿化石。1929年，中国古生物学家裴文中在这里发现了原始人类牙齿、骨骼和一个距今约60万年的完整的头盖骨，定名为北京猿人。此后陆续在龙骨山上发现了一些北京猿人生活、狩猎及使用火的遗迹，证实了50万年以前的北京地区已有人类活动。这些发现震动了世界考古界，也奠定了这一遗址在全世界古人类学研究中特殊的、不可替代的地位。1930年，周口店遗址还发现了距今约2万年的山顶洞人化石和文化遗物。这些化石和文化遗物具有很大的研究价值，但自1927年以来发现的全部北京人和山顶洞人的化石标本因战乱遗失，迄今下落不明，这一事件成为20世纪考古史上的世界之谜。

中华人民共和国成立后，国家和相关文物部门立即恢复了对周口店遗址的发掘研究，并获取了大量的宝贵资料。迄今为止，考古学家们已经发掘出多个尸体的头盖骨、下颌骨、牙齿等化石和丰富的石器、骨器、角器与用火遗迹。

一、"北京人"的发现

美国化学家麦格雷戈·吉布应该是考察周口店的第一人,他的发现带有一定的偶然性。

1914年初,瑞典地质学家安特生接受中国的邀请,来华任矿政顾问。安特生爱好广泛,学识渊博,不仅是国际上负有盛名的学者,也是一位出色的探险家,一生组织过多次探险活动。德国医生哈贝尔曾从北京带回中国的"龙骨",德国慕尼黑大学古脊椎动物学家施洛塞尔从中辨认出90多种哺乳动物,其中一颗牙齿很像是人的左上第三臼齿。因此,安特生来华后,念念不忘中国的"龙骨",甚至组织了一批技工专门到山西、河南、甘肃等地采集化石。

北京猿人复原头型

1918年2月,安特生在一个偶然的机会遇见在北京任教的麦格雷戈·吉布。这位化学家很了解安特生的兴趣,当即向他展示了一些包在红色黏土中的碎骨片,说是刚从周口店附近一个名叫鸡骨山的地方采到的,还说在那一带有很多保存类似堆积物的石灰岩洞穴。这个消息立刻引起了安特生很大的兴趣。周口店离北京不远,骑毛驴起早赶晚也只不过1天的路程。于是,安特生在3月22日特意到鸡骨山去考察了两天。

周口店位于北京城区西南约50千米处,是一个普普通通的小村镇。从地理上说,它正好处在山区和平原衔接的地方。它的东南面是一望无际的华北大平原；西面和北面是山峦重叠的北京西山——太行山山脉的一部分。周口店一带的地层出露状况很好，特别是上新世和更新世的堆积物保存得相当齐全，一向是地质学家所向往的地方。周口店一带，包括龙骨山在内，是北京西山的外围，山势比较低矮，石灰岩很厚，形成了许多洞穴和裂隙。据说这里的人们在开采石灰窑时经常从裂隙中发现"龙骨"。安特生第一次来到这里，进行了小规模的发掘，只找到两个种的啮齿类和一个种的食肉类的化石。这次发掘并不让安特生满意，再加上1918年秋天他派出去的人在河南发现了大批三趾马的化石，他的兴趣便被吸引过去。一直到1921年8月，安特生才又一次来到鸡骨山，看望在这里进行发掘的奥地利古人类生物学家师丹斯基。这一次，安特生遇到了当地的一个老农，在他的指导下，他们去了附近另一个出土"龙骨"的地方。在那里，他们发现了许多化石，有早已灭绝的"肿骨鹿"的化石，也有犀牛、鬣狗、熊的遗骨，还发现了一些白色带刃的，能够用来切肉的脉石英碎片和当时认为是类人猿的，实际上后来被确认为人类的一颗牙齿的化石。安特生当年进行发掘的地方分别成为周口店遗址27个地点中的第1、第2和第6地点，鸡骨山也成为开启北京人遗址大门的钥匙。经过多位考古学家和古人类学家的研究与鉴定，1927年，世界学者、加拿大解剖学家、中国地质调查所新生代研究室名誉主任步达生终于将周口店发现的3颗人的牙齿正式命名为中国猿人北京种，周口店遗址也正式开始发掘。

周口店猿人牙齿骨骼化石　　　　　周口店山顶洞遗址

二、周口店遗址

1929年，周口店遗址正式开始发掘，中国地质学家李捷参加发掘工作，并发现了周口店第3和第4地点。瑞典古生物学家步林也是新地点的发现者，后来，裴文中发现了第5、第7、第8地点，找到了"北京人"第一个头盖骨，同年将已发现的地点，以"北京人"遗址为第1地点，其余的依序编号及至第9地点。后来，随着对"北京人"遗址的深入发掘和研究，遗址的地点增加至27个。在第20号地点以前，包括山顶洞，或为裴文中领导下或为贾兰坡领导下发现的；第20至24地点是在贾兰坡领导下找到的。

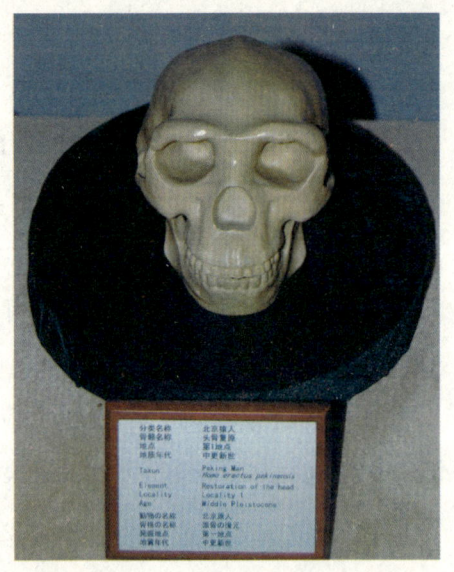

"北京人"头骨

"北京人"在周口店居住的时间，是从60多万年前开始的。"北京人"文化早期从距今60多万年到距今40多万年，中期为距今40多万年到距今30多万年，晚期为距今30多万年到距今20多万年。

1. 周口店遗址第1地点

周口店遗址第1地点位于周口店村西，有两个东西并列的山丘，东边的一座有一个大山洞，俗称"猿人洞"，即著名的北京猿人化石出土地点。1921年，安特生与师丹斯基发现这个遗址，并于该

北京猿人和现代人头骨对比

年和1923年分别进行了试掘，1927年开始正式发掘，由步达生负责野外工作和人类化石研究。1929年以后，这一遗址又称为周口店遗址第1地点。1927年，考古学家发现了一颗保存很好的人类下臼齿化石，步达生经过仔细的研究，提议给这种中国古代的人类一个古生物学的学名"中国猿人北京种"，后来葛利普教授将之命名为"北京人"，这个通俗的名字，一直沿用至今。

从1921年发现和发掘起，周口店遗址第1地点已下挖了40多米，宛如一口深井。已挖堆积还不到全洞堆积物的一半。1929年12月2日，野外工作即将结束的时候，裴文中发现了第一颗保存很完整的人类头盖骨化石。1930年在试验室中清理上一年挖掘的堆积物时，清理出一颗头盖骨化石；1937年发掘被迫中断；1949年中华人民共和国成立不久，中断了11年的发掘工作又恢复了，1951年、1958年至1960年、1966年以及1978年至1980年又先后进行了几次发掘。

北京猿人第一块头骨发现处

该地点先后进行了23年的发掘，共出土约203件北京猿人的化石（代表约40个猿人个体），其中包含完整和比较完整的头盖骨6个、头骨破片12件、下颌骨15个、牙齿157颗（包括附连在上下颌骨上的牙齿）、胫骨1件、肱骨3件、锁骨和月骨各1件和股骨7件。但绝大多数"北京人"化石下落不明。现存的第1地点的"北京人"化石，保存在我国的有7颗牙齿、一段肱骨、胫骨一段、顶骨和枕骨各1件以及1具保存完好的下颌骨；1927年以前发现的3颗牙齿则在瑞典，由早期在周口店工作的步林保管着。"七七事变"后，周口店被日军占领，发掘人员被杀，裴文中和贾兰坡的办公室被捣毁，发掘工作终止。抗日战争时期，已发掘出的6块较完整的头盖骨存放于美国人开办的北京协和医学院内。太平洋战争爆发前夕，中美双方计划将其转运美国。以防其落入日本手中。但途中头盖骨失踪，至今下落不明。

周口店遗址第1地点发现用火堆积遗存3处，把人类用火的历史提前了几十万年。其中包括5个灰烬层、两处保存得很好的灰堆遗存，烧骨则见于有人类活动的各层。此外，还发现烧过的朴树籽、烧石和烧土块，甚至个别石器有烤灼的痕迹。另外发现石制品10万多件，同时出土了98种哺乳动物化石。

周口店遗址第1地点（猿人洞）原是一个天然的石灰岩溶洞，东西长140米，南北最宽处40米，西部最窄处2米，高度40米。地理坐标为北纬39°41′，东经115°51′。从大约50万年前起，

北京猿人洞穴遗址

北京猿人在这里断断续续生活了20万年至40万年，北京猿人的遗骨、遗物、遗迹和洞顶塌落的石块和洞外流入的泥沙等，在洞内一层又一层地充填起来，形成巨厚的堆积层（共分13层）。在发掘前，该洞穴就已坍塌，成为堆积物上部的大角砾和岩块。

2. 周口店遗址第2地点

周口店遗址第2地点（北纬39°41′19.76431″，东经115°55′19.81092″）是安特生、葛兰阶和师丹斯基于1921年发现的，也是周口店遗址最早发现的两个地点之一。周口店遗址第2地点距离第1地点大约200米，像一条南北向的堤，高度大约15米，厚2米，为斜倚龙骨山山体的斜坡，地

层为棕红色黏土层，原是一片烧石灰的山。杨钟健先生最先作了研究，编为周口店第2地点。出土的动物化石有中国鬣狗、肿骨鹿、犀牛、野猪、鼠类等，共发现哺乳动物化石22种，其中食虫目2种、啮齿目8种、兔形目2种、灵长目1种、食肉目2种、奇蹄目1种、偶蹄目6种；此外，还有爬行类和鸟类各1种，时代是中更新世。所发现的动物化石颜色呈浅黄白色，大多数材料为破碎的肢骨，但化石的石化程度很高；其余为各种动物的单个的牙齿，还有一些对研究有较大意义的下颌骨（包括完整的和破碎的）近40件和几件残破的头骨。根据黄万波研究员描述，当时挖石灰时把石头挖走后，这个地点才留下了这些堆积物，堆积的上方是钙质胶结黏土结核。

3. 周口店遗址第4地点

周口店遗址第4地点位于龙骨山南坡，距周口店第1地点西约70米（北纬39°41′14.54302″，东经115°55′29.54308″），该地点高出周口店河46米，洞口向南，发现时洞顶已经大部分塌落，基本上属于露天堆积。

第4地点于1927年由步林和李捷发现，当时把它看作含化石的普通型洞穴，未进行发掘。直到1937年，在极端困难的情况下，对该地点进行了发掘，次年也做过一点发掘工作，发现了40多种哺乳动物的化石，包括猕猴、鼢鼠、熊、三门马、李氏野猪、鹿、葛氏斑鹿等；1967年，有人钻入其中，发现还有相当长的有洞顶的洞，与第15地点相连。这一发现得到中国科学院古脊椎动物与古人类研究所的重视，有"新洞"之名，其实它是

1927年"北京人"遗址发掘

北京猿人生活场景复原图

无人类活动遗迹的洞穴，经地质学家研究，这段洞穴可能是第 4 地点的"泻水道"（据《周口店遗址志》）。为了探明这段洞穴的情况，1972 年 9 月，古脊椎所委派王存义在第 4 点西侧修路，以便打通半遮面的那段洞穴，在这过程中挖去了此段的堆积，出土了 10 多种哺乳动物化石和灰烬，这一新发现把第 4 地点的重要性推前了一步。1973 年 2 月，由乔琪主持这段洞穴的清理工作。1973 年初，在顾玉珉的主持下，对第 4 地点进行发掘，工作分两个阶段进行，其目的是搞清第 4 地点的堆积与"新洞"堆积的关系。第一阶段从 3 月初开工，至 7 月上旬结束，发掘位置在第 4 地点东侧，发掘区域为长 4 米，宽 5 米。被挖掘的堆积厚度为 6.5 米，发掘方法沿用传统的方法。

第 4 地点的发掘取得了良好的成果，发现了较丰富的石制品、用火遗迹和 1 颗人牙化石，这颗牙齿经研究鉴定为距今 20 万年—10 万年的早期智人的一颗左上前臼齿化石。第二阶段发掘在"新洞"进行，工作 18 天（1973 年 10 月 23 日至 11 月 10 日），开了一条探沟，位于其东侧，长 17 米，宽 2 米，挖至其底，厚 1.7 米。因没有有意义的发现，未再继续工作。这一地点洞顶上的钟乳石已被破坏，但下面的石笋依然保存，洞底有钙板堆积，估计仍有化石埋藏。这里出土过丰富的用火证据，除了发现过大量灰烬外，还有烧过的朴树籽和烧过的动物骨骼化石。

4. 周口店遗址第 26 地点

周口店遗址第 26 地点即山顶洞（北纬 39°41′16.90513″，东经 115°

55′28.51044″），这个地点是 1930 年核查第 1 地点的边界时，在它的南面发现的，原来洞口为浮土所掩盖。该地点在 1933 年至 1934 年进行了系统发掘，共挖去堆积物 900 立方米，发现包括 3 个头骨在内的代表至少 8 个山顶洞人个体的化石材料。主要标本化石是：3 个完整的头骨、残头盖骨、上颌骨、下颌骨、脊椎骨、盆骨、大腿骨、小腿骨、膝盖骨和零散牙齿等，这些化石由德国籍的犹太人类学家魏敦瑞研究；还有 47 种哺乳动物化石，包括蝙蝠、刺猬、猞猁、猎豹、马鹿等。山顶洞人的文化遗迹和遗物相当丰富，出土了共 141 件装饰品，包括 125 个穿孔的兽牙、3 个穿孔的海蚶壳、1 块穿孔的椭圆形小河卵石、1 件穿孔的鲩鱼眶骨、4 件刻有沟痕的骨管和 7 件穿了孔的石珠。山顶洞中还发现一根骨针，这些表明当时的人类已会缝兽皮做衣服，遮挡身体，抵御寒冷。另外还有一件磨过的鹿角，有人认为它是指挥棒。山顶洞发现的石器不多，只有 25 件，做得相当简陋。在人骨化石周围还发现有赤铁矿粉末，是山顶洞人对死者进行埋葬的有力证据。

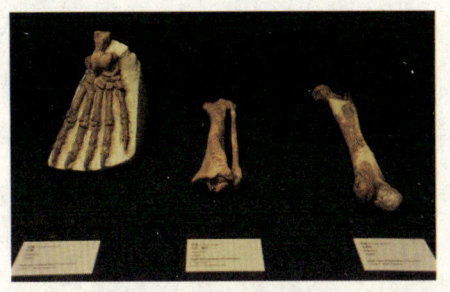

山顶洞中发现的骨骼化石

周口店山顶洞遗址

周口店山顶洞遗址

根据遗址洞穴的形状和堆积的现象，可将它分成 4 个部分：洞口、上室、下室、下窨。从灰烬和文化遗物的分布情况可分为五个文化层：1—3 文化层在洞口和上室，发现有刚刚出生的幼儿残头骨、骨针、装饰品和少量石器；

4—5文化层位于下室，即埋葬死人的地方，发现有3个完整的头盖骨和部分骨架，并发现有部分装饰品。洞口高约4米，下宽5米；上室为洞口以内的西半部的洞穴的东半部，石笋作底，由东南向西北作缓坡倾斜，南

北京猿人生活场景复原

北宽约8米，东西长14米；下室位于洞穴的西半部的稍下处，即现在有洞顶的部分。下室部分发现过人类化石，包含3个完整的头盖骨和一些身体上的骨骼和文化遗物；下窨只发现动物化石，而且还多是相当完整的骨架，估计这些动物到洞穴里遮风避雨，偶尔坠落或失足掉下这个天然的陷阱，死在里面后变成了化石。山顶洞堆积相当松散，颜色呈灰色，与含北京人化石的堆积有明显的区别。在下窨之内为黄色堆积物，已达到了北京人时代地层。

5. 周口店遗址第27地点

周口店遗址第27地点（田园洞）位于周口店遗址西南6千米处（北纬39°39′31″，东经115°52′19″）。于2001年发现，2003年6月由中国科学院古脊椎动物与古人类研究所同号文主持正式发掘，在发掘过程中发现距今约2.5万年的古人类化石。该地点属石灰岩溶洞，洞体高约2米，深约5米，洞口面向正北，高出现在河床150米，洞中沉积物为灰白色粉沙，其中夹有小块砾石，磨圆度不好，在主洞左侧有两条垂直裂隙，主洞右侧有水流冲刷形成的凹坑，凹坑顶部和底部有钟乳石和石笋，距田园洞口东北方约30米处，有水流冲刷的凹坑。从2003年6月正式发掘以来，采集到大量动物化石，其中最为珍贵的是发现智人化石，材料包括：下颌骨、

周口店动物骨骼化石

锁骨、肱骨、桡骨、脊椎骨、肢骨、腓骨、跟骨、趾骨等，还有与智人同一层出土的哺乳动物化石有豪猪、猕猴、果子狸、狼、竹鼠、黑熊、原麝、斑鹿、苏门羚羊、羚羊、牛等26种。地质时代属晚更新世晚期，与山顶洞人的年代相当。

6. 遗存分析

根据对文化沉积物的研究，"北京人"生活在距今50万年至20万年之间。"北京人"的平均脑量达1088毫升（现代人脑量为1400毫升），据推算"北京人"身高为156厘米（男）、150厘米（女）。"北京人"属石器时代，加工石器的方法主要为锤击法，其次为砸击法，偶见砧击法。"北京人"还是最早使用火的古人类，并能捕猎大型动物。"北京人"的寿命较短，据统计，68.2%的北京人死于14岁前，超过50岁的不足4.5%。

石器是"北京人"文化的主要代表，"北京人"创造了3种不同的打片方法，主要用砸击法，生产出长20毫米至30毫米的小石片；常见长度为20毫米至40毫米；工具分两大类，第一类包括锤击石锤、砸击石锤和石钻；第二类有刮削器、尖状器、砍砸器、雕刻器、石锥和球形器。

对用火遗迹的研究，可以得知"北京人"不仅懂得用火，而且有控制火和保存火种的能力。烧火的燃料主要是草本植物，也用树枝和鲜骨作为燃料和点火的材料。

"北京人"用火的生活场景

三、遗产价值

"北京人"的发现为人类起源提供了大量的、富有说服力的证据。大量事实表明，"北京人"生活在距今 50 万年到 20 万年之间，是属于从古猿进化到智人的中间环节的原始人类，这一发现在生物学、历史学和人类发展史的研究上有着极其重要的价值。"北京人"的发现揭开了人类历史的序幕。早在旧石器时代的初期，"北京人"已懂得选取岩石，制作石器，用它作为武器或原始的生产工具，在与大自然进行斗争中改造自己，表明"北京人"

"北京人"生活场景复原

已经学会使用原始的工具从事劳动，这是人和猿的根本区别所在。

"北京人"的发现，为人类进化理论提供了有利实证，是中国科学家为世界考古史做出的伟大贡献。"北京人"及其文化的发现与研究，解决了 19 世纪爪哇人发现以来的关于"直立人"是猿还是人的争论。事实证明，"直立人"是人类历史的最早期，处于从猿到人进化过程最重要的环节，他们是"南猿"的后代，后来"智人"的祖先。"北京人"具有"直立人"的典型形态标准，而"北京人"对火的使用，更加完备了其作为人的特征。山顶洞人化石和文化遗物的发现，更充分表明

"北京人"遗址发掘现场

北京猿人生活场景复原图

了"北京人"的发展和延续。在"北京人"居住过的洞穴里,发现厚度达4米至6米、色彩鲜艳的灰烬,表明"北京人"已懂得使用火、支配火、学会保存火种的方法,是人类由动物界跨入文明世界的重要标志。"北京人"的发现,为中国古人类及其文化的研究奠定了基础,是当之无愧的人类远古文化宝库,把人类用火的历史又提前了若干万年。

"北京人"的发现为研究北京生态环境变迁史提供了依据。通过对"北京人"及其周围自然环境的研究,表明50万年前北京的地质地貌与现在基本相似,在丘陵山地上分布有茂密的森林群落,其中栖息着种类丰富的动物种群。但也曾出现面积广阔的草原和沙漠,其中有鸵鸟和骆驼栖息的遗迹,表明在这段漫长的岁月里,北京出现过温暖湿润和寒冷干燥的气候状况。

1953年,周口店"北京人"遗址附近建成了周口店遗址博物馆,面向公众开放。

周口店遗址

知识小百科

"龙骨"的故事

中国很早就有了关于龙的传说和神话，相应地，也就产生了"龙骨"这一名词。世界上最古老的地理、古生物文献——《山海经》中就已经有了"龙骨"的记载，《旧唐书·地理志》《梦溪笔谈》等许多古籍中也都有"龙骨"的描写，对于出产"龙骨"的地方也有许多记录。

其实，所谓的"龙骨"并不是龙的骨头，而是脊椎动物的化石，特别是以哺乳动物的骨骼为主，其中有象、犀、马、牛、羊、猪、鹿等；"龙齿"就是这些动物的牙齿。

19世纪70年代，"龙骨"开始引起外国一些古生物学家的注意。1870年，英国生物学家、古脊椎动物学的开拓者理查德·欧文就以"龙骨"为主要材料，写了一篇关于中国哺乳动物化石的论文。后来，又有一位名叫哈贝尔的德国医生在北京行医期间，从药店里买了不少"龙骨"和"龙齿"。回国后，他把这些化石送给德国著名的古脊椎动物学家施洛塞尔教授研究，其中的一颗牙齿被辨认为是第三大臼齿，虽然没有敢确认是上古人类的，但这颗牙齿引起了学术界的注意，更掀开了发现"北京人"之旅的序幕。

周口店　动物骨骼化石

当时"龙骨"不但在国内有人吃，其在国外也很热销，许多"龙骨"被转卖到国外，这就导致了许多农民乱挖"龙骨"。如果人们挖到大型动物的头骨，都要把牙齿敲下来，因为"龙齿"的价钱是"龙骨"的好几倍。为了运输方便，他们常常把头骨敲碎，装入麻袋。因此许多珍贵的化石（比如三趾马、板齿犀等已经灭绝的动物）都没有能够完整地保留下来，令人十分痛心。

第二章

河姆渡遗址：繁荣的母系氏族标本

河姆渡遗址是中国南方早期新石器时代的遗址，是全国重点文物保护单位，位于距浙江省宁波市区外约20千米的余姚市河姆渡镇，面积约4万平方米。于1973年开始发掘，是我国目前已发现的最早的新石器时期文化遗址之一。

浙江余姚河姆渡遗址

一、震撼世界的河姆渡遗址

河姆渡遗址发现于1973年，遗址总面积达5万平方米，叠压着4个文化层。经测定，最下层的年代为7000年前。通过1973年和1977年两次科学的发掘，出土了骨器、陶器、玉器、木器等各类质料组成的生产工具、生活用品、装饰工艺品以及人工栽培稻遗物、干栏式建筑构件，动植物遗骸等文物近7000件，全面反映了我国原始社会母系氏族时期的繁荣景象。河姆渡遗址的发掘为研究当时的农业、建筑、纺织、艺术等东方文明，提供了极其珍贵的实物佐证，是中华人民共和国成立以来最重要的考古发现之一。河姆渡遗址出土的文物曾多次出国展览，深深地震撼了整个世界。

河姆渡遗址出土的各类物件

二、中国长江下游地区的新石器时代文化

因其古文化遗址是在浙江省余姚县的河姆渡遗址首先发现，故于1976年命名。主要分布在杭州湾南岸的宁波、绍兴平原，并越海东达舟山岛。据放射性碳素断代并经校正，约为公元前6000年。河姆渡文化的发现与确立，扩大了中国新石器时代考古研究的领域，说明在长江流域同样存在着灿烂和古老的新石器文化。

河姆渡遗址

该文化中目前唯一经过较大规模发掘的是河姆渡遗址，在1973—1974年和1977—1978年，由浙江省文管会、浙江省博物馆主持，进行了两期发掘。河姆渡文化遗址1982年国务院公布为全国重点文物保护单位。此外，在浙江省鄞县辰蛟，宁波八字桥，舟山白泉、大巨等地，都发现有河姆渡文化的晚期遗存。

河姆渡遗址位于河姆渡镇金吾庙村（原罗江乡浪墅桥村）。它是1973年夏天当地农民建造排涝站时发现的，自下而上叠压着4个文化层，根据北京大学碳14实验室测定，第4文化层距今7000—6500年，第3文化层距今6500—6000年，第2文化层距今6000—5500年，第1文化层距今5500—5000年。该遗址于1973年和1977年冬进行过两次考古发掘，合计面积为2630平方米，出土生产工具、生活器具、原始艺术品等文物6700余件，还发现了丰富的栽培稻谷和大面积的木建筑遗迹、捕猎的野生动物和家养动物的骨骸、采集的植物果实及少量的墓葬等遗存。这些发现为研究我国远古时代的农业、建筑、制陶、纺织、艺术和东方文明的起源以及古地理、古气候、古水文的演变提供了极其珍贵的实物资料。

河姆渡人生活场景复原

河姆渡遗址第1、2文化层的出土文物与省内湖州邱城遗址下层及嘉兴市郊马家浜遗址的器物相似，第3、4文化层的出土文物在浙江省是新发现，而且其中已拥有较为发达的耜耕农业、采用榫卯技术的干栏式建筑，在国内同时代的遗址中，其生产、生活水平也处于领先地位，因此是一个全新的考古学文化，暂时命名为河姆渡文化。

干栏式建筑模型

河姆渡遗址发现后,在海内外学术界引起了巨大反响,为尽快将其公布于世,1976年4月,国家文物局、浙江省文化局在杭州召开了"河姆渡遗址第一期发掘工作座谈会"(实际是一次研讨会),来自北京、上海、陕西、广东、福建、安徽、浙江的专家学者和余姚县、罗江乡的代表共60多人参加了这次座谈会。与会的专家与学者认为河姆渡遗址的发现,证明了在7000年前长江流域同样有着繁荣的原始文化,与黄河流域一样都是中华民族远古文化的发祥地,它是中华人民共和国成立以来最重要的考古发现,并且一致同意了对河姆渡文化的命名。

1980—1981年,浙江省文物考古研究所会同相关市县文管会在宁绍平原作了新石器时代遗址的普查,近年来,又陆续发现了余杭小古城遗址、安吉帽山墓地、富阳新登古城遗址、温州子城遗址、宁波镇海鱼岙遗址等,至今共发现河姆渡文化类型遗址47处,分布于钱塘江以南的沿海地区和舟山群岛,其中以姚江平原最密集,计有25处,因此可以说,余姚是河姆渡文化的故乡。

三、文物特征

河姆渡遗址出土的陶器主要是夹炭黑陶和夹砂红陶、红灰陶。除素面陶外,盛行在釜类腹底交错拍印绳纹,陶器的宽边口沿上常刻画平行条纹、波浪、圆圈、叶形、谷穗状等几何图样,偶见白地深褐色纹的彩陶。以平底器和圜底器为大宗。代表性器物有釜、罐、带把钵、宽沿浅盘、垂囊式、支脚等。与支脚配合使用的陶釜是河姆渡文化的主要炊器。骨制生产工具种类丰富,骨器数量远超过其他遗址出土的石制工具,就目前所知,为中国新石器文化中所独有。木器较精巧多样。梯形不对称刃石斧、拱背厚体石锛、骨耜、斜铤骨镞、管状骨针、骨哨、木矛、木刀等,都是具有特色的器物。大批榫卯木构件及干栏式建

最早的榫卯

筑的遗迹，显示了河姆渡文化的住房特点。

河姆渡遗址的第3、4层和第1、2层，分别代表河姆渡文化的早、晚两期。①早期：约前5000至前4000年。陶系简单，夹炭黑陶占绝对优势。除磨平素面外，绳纹较多，刻画的几何图案花纹和动植物图案突出。主要器形有敛口或敞口肩脊釜、直口筒式釜、颈部双耳大口罐、宽沿浅盘、斜腹盆、环形单把钵、大圈足豆、盆形甑、块状体支脚等。石器种类少，一般磨制不精，斧、锛较厚硕，主要石器工具中未见穿孔者。②晚期：前4000至前3300年。夹砂红陶、红灰陶数量最多。前段的泥质红陶外壁红内壁黑，常施红陶衣；后段的泥质红陶表里色泽一致，很少施陶衣。沿用绳纹，出现镂孔纹饰。新出现鼎、落地式把两足异形鬶、垂囊式盉。其他主要器形还有敞口鸡冠耳釜、敞口扁腹釜、牛鼻耳罐、折沿罐、镂孔豆、空腹倾斜体支脚。石器多通体磨光，出现了扁平长条石锛，穿孔石斧、长方形双孔石刀和石纺轮。

河姆渡出土龟形陶盉

河姆渡遗址发掘发现的文物遗存具有数量巨大、种类丰富的特点，为研究距今七八千年前氏族公社繁荣时期人们的生产、生活情况提供了比较全面的材料。如两次发掘出土的陶片达40万片之多，用同样的发掘面积作比较，是其他新石器时代遗址所不及。又如，出土的纺织工具有纺轮、绕纱棒、分径木、经轴、机刀、梭形器、骨针近10种，根据这些部件，可以复原当时的织机，而其他的遗址就没有这么具体的文物。河姆渡遗址的文化特色主要还在稻作农业、干栏式建筑、纺织和水上交通方面。

（1）耜耕农业。河姆渡遗址两次考古发掘的大多数探坑中都发现

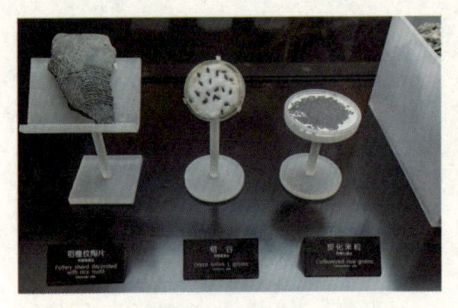

河姆渡出土谷物　　　　　　　　　　河姆渡出土耜耕农具

20—50厘米厚的稻谷、谷壳、稻叶、茎秆和木屑、苇编交互混杂的堆积层,最厚处达80厘米。稻谷出土时色泽金黄、颖脉清晰、芒刺挺直,经专家鉴定属栽培水稻的原始粳、籼混合种,以籼稻为主(占60%以上)。伴随稻谷一起出土的还有大量农具,主要是骨耜,有170件,其中两件骨耜柄部还留着残木柄和捆绑的藤条。骨耜的功能类似后世的铲,是翻土农具,说明河姆渡原始稻作农业已进入"耜耕阶段"。当时的稻田分布在发掘区的北面和东面,面积约6公顷,最高总产为18.1吨。

农业的出现表明人类社会从单一的攫取式经济开始向生产式经济发展,这一转变拓展了食物来源,为人类发展奠定了物质基础,所以在人类发展史上有十分重要的意义。河姆渡原始稻作农业的发现纠正了中国栽培水稻的粳稻从印度传入、籼稻从日本传入的说法,在学术界树立了中国栽培水稻是从本土起源的观点,而且起源地不会只有1个的多元观点,从而极大地拓宽了农业起源的研究领域。河姆渡遗址人工栽培稻谷的发现说明农业不是哪个圣人发明的,而是人类自身进步的结果,从而有利于人们树立辩证唯物主义史观和群众观念。

(2)干栏式建筑。河姆渡遗址两次发掘范围内发现了大量干栏式建筑遗迹,特别是在第4文化层底部,分布面积最大,数量最多,远远望去,密密麻麻,蔚为壮观。建筑专家根据桩木排列、走向推算,第4文化层至少有6幢建筑,其中有幢建筑长23米以上,进深6.4米,檐下还有1.3米宽的走廊。这种长屋里面可能分隔成若干个小房间,供一个大家庭住宿。

清理出来的构件主要有木桩、地板、柱、梁、枋等,有些构件上带有榫头和卯口,约有几百件,说明当时建房时垂直相交的接点较多地采用了榫卯技术。河姆渡遗址的建筑是以大小木桩为基础,其上架设大小梁,铺上地板,做成高于地面的基座,然后立柱架梁、构建人字坡屋顶,完成屋架部分的建筑,最后用苇席或树皮做成围护设施。其中立柱的方法也可能是从地面开始,通过与桩木绑扎树立的。这种底下架空、带长廊的长屋建筑古人称为干栏式建筑,它适应南方地区潮湿多雨的地理环境,因此被后世所继承,今天在我国西南地区和东南亚国家的农村还可以见到此类建筑。建造庞大的干栏式建筑远比同时期建造黄河流域居民的半地穴式建筑要复杂,数量巨大的木材需要有专人策划,计算后进行分类加工,建筑时需要有人现场指挥,否则七高八低、弯弯曲曲的房子是不牢固的。这样的建筑技术说明

干栏式建筑

河姆渡人已具有较高的智商。

（3）纺织、交通工具和髹漆技术的出现。河姆渡遗址出土的纺织工具数量之多、种类之丰富为新石器时代遗址考古所罕见。数量最多的是纺轮，有300多件，质地以陶为主，还有石质和木质，形状以扁圆形最常见，另有少量剖面呈梯形。织的方面有经轴、分经木、绕纱棒、齿状器、机刀、梭形器等，纺织专家认为这是原始踞织机的部件。缝纫用的骨针有90多件，最小的骨针长仅9厘米，径大0.2厘米，针孔大0.1厘米，与今天大号钢针差不多。从出土的苇编和器物上精致的图案看，当时织品为经纬线数量相同的人字纹和菱纹。河姆渡遗址出土的木桨共8支，系用原木制作，形似后世的木桨，只是形体略小一些。有桨一定有船，所以可以推测河姆渡人已拥有用于氏族间交流的水上交通工具。河姆渡遗址发现的漆器有20多件，早期单纯用天然漆漆于木器表面，后在天然漆中掺和了红色矿物质，使器物色彩更加鲜亮，第3文化层中出土的木胎漆碗是其中的代表作品。

河姆渡出土漆木筒

（4）发现以象牙雕刻为代表的原始艺术品。河姆渡遗址发现的原始艺术品可分为独立存在的纯艺术品和施刻于器表之上集实用和观赏于一体的装饰艺术两大类，而以后一类数量居多，充分表现了河姆渡人的审美兴趣和文明程度。艺术品中最为人称道的是"双鸟朝阳"纹象牙雕刻件，该器长16厘米、宽5.9厘米、厚约1厘米，形似鸟窝。器物正中阴刻5个同心圆，外圆上部刻火焰纹，两侧各有一只圆目利喙的鸷鸟向对

河姆渡出土双鸟朝阳象牙蝶形器

而视。画面布局严谨,线条虚实结合,图画寓意深刻,有人说它象征太阳,另有人认为是鸟在孵蛋,象征对生命、生殖的崇拜,说明该器物具有强烈的宗教意义,原始先民已有较复杂的精神生活。

四、地理环境

河姆渡南面的四明山,北面姚江平原中部的慈南山地和东面南北走向的乌石山、羊角尖山、云山等低山丘陵三组山系构成硕大的"工"字,这种地貌犹如今天围海造田工程上抛筑的丁坝和顺坝,具有很大的促淤成陆功能。距今1万年开始的全新世纪大

河姆渡出土五叶纹陶块

规模海侵时,四明山北麓成为一片浅海,从长江口顺潮而下的泥沙搬运到这里后,受"工"字形地貌的阻挡而沉积下来,使河姆渡一带的淤积快于其两翼,当海退开始后,河姆渡一带自然最先出露成陆。根据低塘镇西村地下31米处发现的贝壳层的年代应该是距今8020年,推测海退发生在距今7500年左右,所以距今7000年河姆渡确实是四明山前的一块高地。研究过程中南京大学所作的河姆渡遗址地质土样古代微生物、孢粉、土壤粒度和含盐量的检测研究。

根据河姆渡遗址孢粉资料和考古发掘材料分析,7000年前河姆渡的气候温暖湿热,平均气温比现代高3℃—4℃,年降雨量比现在多500毫米左右,与现在的广东、广西南部和海南岛相似。在地理方面最大的差别就是遗址南面还没有姚江阻隔,只有芝岭溪水在遗址的西南流过。遗址的东面是一片平原,西面、北面濒临河姆渡—丈亭—二六市大湖,河姆渡处于湖泊沼泽、平原、草地、丘陵、山冈多种地貌的复杂环境,所以这里的动植物资源特别丰富,非常有利河姆渡先民的生产、生活。值得一提的是,当

河姆渡成陆时，"工"字形地貌两翼，即现在的余姚城区以西、宁波市西郊以东地区尚处于浅海之中，海水涨落有规律地推动湖水升、降，为河姆渡人的稻田创造了自灌条件，使河姆渡人以最少的投入获得最多的稻谷。因

河姆渡人生活场景复原

此河姆渡人可以腾出更多时间和劳力去建造庞大的干栏式建筑，发展纺织、漆木器生产。良好的自然环境是河姆渡文化繁荣的关键因素，而河姆渡人对自然万物的认识和利用则是决定因素。

五、经济发展

（1）农业和家畜饲养。河姆渡第4层较大面积范围内，普遍发现稻谷遗存，有的地方稻谷、稻壳、茎叶等交互混杂，形成0.2—0.5米厚的堆积层，最厚处不超过1米。稻类遗存数量之多，保存之完好，都是中国新石器时代考古史上罕见的。经鉴定，稻谷主要属于栽培稻籼亚种晚稻型水稻，其与马家浜文化桐乡罗家角遗址出土的稻谷，年代都在前5000年，是迄今中国最早的两例稻谷实物，也是世界上目前最古老的人工栽培稻。河姆渡文化代表性的农具有骨耜，仅河姆渡一处就出土上百件。骨耜采用鹿、水牛的肩胛骨加工制成，肩臼处一般穿凿横銎，骨质较薄者则无銎而将肩臼部分修磨成半月形，在耜冠正面中部刻挖竖槽并在其两侧各凿一孔。还发现了安装在骨耜上的木柄，下端嵌入槽内，横銎里穿绕多圈藤条以缚紧，顶端作成丁字形或透雕三角形捉手孔。此外，河姆渡遗址出土文物还有很少的木耜、穿孔石斧、双孔石刀和长近1米的舂米木杵等。

在河姆渡遗址出土的文物中，破碎的猪骨和牙齿随处可见，并发现体态肥胖的陶猪和方口陶钵上刻的猪纹。有一件陶盆上刻画着稻穗猪纹图像，大体是家畜饲养依附于农业的一种反映。此外，还出土较多的水牛骨头，

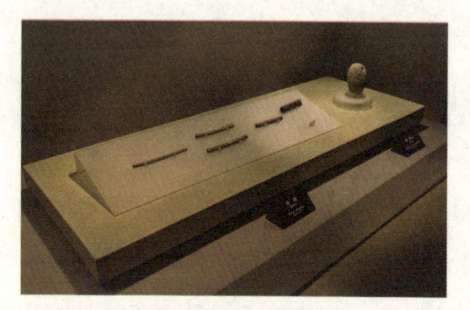

河姆渡出土骨哨

河姆渡出土猪纹钵

可以推测牛也已被驯养。

（2）渔猎。河姆渡出土了大量的野生动物遗骨，计有哺乳类、鸟类、爬行类、鱼类和软体动物共40多种。绝大多数是梅花鹿、水鹿、四不象（麋鹿）、麂、獐等鹿科动物，仅鹿角就有400多件。鸟、鱼、龟、鳖遗骨数量也不少。还发现有极少的亚洲象、苏门犀、红面猴等温热地带动物的遗骸。骨镞达千余件之多，以铤部不对称的长锋或短锋斜铤镞较富特色，另有窄长锋柳叶形镞、钝尖或锐尖的锥形带铤镞等形制。未见网坠之类渔具，而存在大量鱼骨，有些骨镞当兼用于射鱼。其他渔猎工具还有木矛、骨鱼镖等。而柄叶连体木桨的发现，说明已有舟楫之便，除用于交通外，可能也在渔捞活动中乘用。利用禽类骨管雕孔制成的骨哨，既是一种乐器，狩猎时也可吹音用以诱捕动物。

（3）原始手工业。陶器以夹炭黑陶最富特点。尤其在早期，无论炊器和饮食容器，都属这种陶质。胎泥纯净，含铁量仅为1.5%左右。以大量的稻壳及稻的茎、叶碎末为羼和料。工艺技术上比较原始，器物均为手制，不甚规整；据测试，烧成温度为800℃—900℃，在缺氧的还原焰中烧制而成。胎质比较粗厚疏松，重量较轻，吸水性强。晚期阶段，基本上仍用手制，

河姆渡出土陶釜

第二章 河姆渡遗址：繁荣的母系氏族标本 / 29

但有的经慢轮修整。出现了三足器、袋足器等较复杂的器形,有的陶器烧成温度提高到1000℃左右。

关于编结纺织,在河姆渡遗址出土的文物中发现有芦苇席残片,采用二经二纬的编织法。质轻的木纺轮,连同大小轻重不一的陶、石纺轮,可供抽纱捻线之用。还发现了据认为可能属于原始腰机部件的木质打纬刀、梳理经纱的长条木齿状器、两端削有缺口的卷布轴等。河姆渡文化的骨器制作比较发达,有耜、镞、鱼镖、哨、锥、针、管状针、匕、有柄匕、梭形器、锯形器、凿、匙等各种器物,广泛使用于生产和生活领域。有笄、管、坠、珠等装饰品,还有蝶形器(原料有木、石、骨、象牙4种)、靴形器等暂不明用途的器物。磨制普遍精细,少数有柄骨匕、骨笄上,雕刻图案花纹或双头连体鸟纹,堪称精美的实用工艺品。另有20余件象牙制品,其中刻有双鸟朝阳图像的蝶形器、凤鸟形状匕器、雕刻编织纹和似蚕纹的小盅等,显示了当时手工艺人的精湛技艺。

河姆渡出土苇席残片等物

六、考古发现

河姆渡遗址出土的主要文物:

(1)河姆渡人木作工艺十分突出。除木耜、小铲、杵、矛、桨、槌、纺轮、木刀等工具外,还发现了木、石捆绑的骨耜、石斧、石锛等工具的把

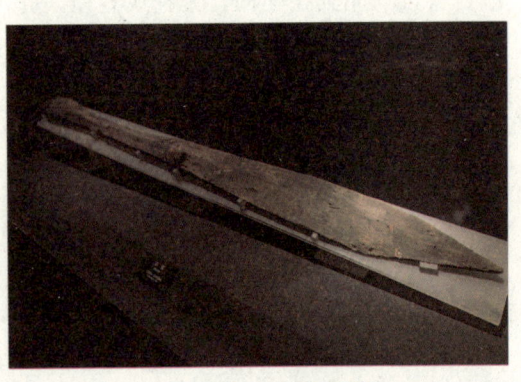

河姆渡出土木质工具

柄。用分叉的树枝和鹿角加工成的曲尺形器柄，叉头下部砍削出榫状的捆扎面，石斧当是捆绑在左侧，石锛则捆扎在前侧。河姆渡遗址出土的许多建筑木构件上凿卯带榫，尤其是发明使用了燕尾榫、带销钉孔的榫和企口板，标志着当时木作技术的突出成就。在河姆渡第3层出土了一件瓜棱状敛口圈足木碗，外表有薄层的朱红色涂料，剥落较甚，微显光泽，经河姆渡遗址出土工具鉴定是生漆，这是中国迄今最早的漆器。

（2）河姆渡文化盛行一种栽桩架板高于地面的干栏式建筑。在河姆渡遗址各文化层，都发现了与这种建筑遗迹有关的圆桩、方桩、板桩、梁、柱、木板等木构件，共达数千件。第4层的一座干栏式长屋，桩木和相紧靠的长圆木残存220余根，较规则地排列成4行，互相平行，作西北—东南走向。现存最长一行桩木长23米，由西南到东北的第1、2、3行之间的距离大体相等，合计宽约7米，推知室内面积在160平方米以上。第3、4行的间距1.3米，这是设在面向东北一边的前廊过道。建筑遗迹范围内，出土有芦席残片、陶片以及人们食后丢弃的大量植物皮壳、动物碎骨等。

河姆渡人生活场景复原

这座大型干栏式建筑当属公共住宅,室内很可能隔成若干小房间。干栏式建筑是中国长江以南地区新石器时代以来的重要建筑形式之一,目前以河姆渡发现的为最早。除干栏式建筑外,后期还出现了一种立柱式地面建筑,在柱洞底部垫放木板作为基础,有的则是填塞红烧土块、黏土和碎陶片等,填实加固形成臼状柱础,中间立木柱。

(3)在河姆渡遗址第2层发现一眼木构浅水井遗迹。这是中国目前所知最早的水井遗迹,也是迄今发现的采用竖井支护结构的最古老遗存。水井位于一处浅圆坑内,井口方形,

河姆渡出土水井遗址

边长约2米,井深约1.35米。井内紧靠四壁栽立几十根排桩,内侧用一个榫卯套接而成的水平方框支顶,以防倾倒。排桩上端平放长圆木,构成井口的框架。水井外围是一圈直径约6米呈圆形分布的28根栅栏桩,另在井内发现有平面略呈辐射状的小长圆木和苇席残片等,可见井的上面曾建有井亭。

(4)在河姆渡第4层的居住区,发现以陶釜、陶罐为葬具的婴儿瓮棺葬2座。第1—3层有20多座墓,均不见墓坑和葬具,仅有1座以木板垫底。成人和婴儿多为单人葬。有3座是两人合葬墓,其中1座是两个儿童。第2层和3层内的墓流行单人侧身屈肢葬,个别的是俯身葬,头向东或东北,大多数无随葬品。第1层内的墓流行单人仰身直肢葬,也有个别仰身屈肢葬,头向不一,以西北位居多,普遍有随葬品但并不丰富,最多的两座墓各有6件,一般放置釜、豆,少见生产工具。总体来看,不同时期的葬式、头向和随葬品是有所变化的。

七、稻作起源问题

　　河姆渡遗址发现了世界上最早的人工栽培稻谷的消息通过媒体迅速传遍全世界。因为还有大批农具、加工工具和炊用器共同出土，所以随即掀起一股水稻起源研究热潮。与媒体的热情相反，少数考古和农业专家认为河姆渡文化的稻作农业已经比较成熟，在它以前还应有较长的发展阶段。1995—2000年，考古工作者通过对研究湖南道县玉蟾岩遗址连续发掘后，发现上下叠压的距今12000年的几粒野生稻谷和距今10000年的人工栽培稻谷，接着又在江西万年仙人洞和吊桶环遗址的土样标本中检测到人工栽培稻谷的孢粉，从而找到迄今为止世界上最早的人工栽培稻谷和它从野生稻驯化而来的科学依据。玉蟾岩古稻的发现，说明亚洲东部的人工栽培稻、粟和西亚两河流域的大小麦、南美洲的玉米差不多都是在同一时间出现的，农业的发明是人类共同进步的结果。

知识小百科

干栏式建筑

　　干栏式建筑是指建筑在木（竹）柱底架上的高出地面的房屋。中国古代史书中又有干栏、高栏、阁栏和葛栏等名。此外，一般所说的栅居、巢居等，大体所指的也是干栏式建筑。考古学和民族学中的所谓的水上居住或栅居，以及日本所谓的高床住居，也属于这类建筑。这种建筑自新石器时代直到现代都有流行。主要分布于中国的长江流域以南中国的内蒙古自治区、黑龙江省北部，以及东南亚、西伯利亚和日本等地。

　　干栏式建筑主要为了防潮湿而建，长脊短檐式的屋顶以及高出地面的底架，都是为适应多雨地区的需要，各地发现的干栏式陶屋、陶

围以及栅居式陶屋，均代表了防潮湿的建筑形制，特别是仓廪建筑采用这种形制的用意更为明显。直到今天，东南亚一带还流行栅居，以适应潮湿多雨的需要。

另外，傣族民居分为干栏式建筑、地面建筑、土掌房3种。干栏式住房以竹木为材料，木材作房架，竹子作檩、椽、楼面、墙、梯、栏等，各部件的连接用榫卯和竹篾绑扎，为单幢建筑。各家自成院落，各宅院有小径相通。房顶用草排或挂瓦。瑞丽的干栏式建筑体现出较高的水平。孟连傣族为干栏式竹楼。地面建筑主要为芒市、盈江等地采用，为土墙平房，因受汉族影响，已不是傣族固有的住宅形式。土掌房，是居住在红河流域地区的主要住宅形式，大量分布于云南中部和东南部地区。土掌房以木梁柱和土墙承重土质平顶，形成一个长方体或正方体，因地势建成二、三层的土楼，层层垒进，呈阶梯形，有天井、楼层，一般居家拥有十数间房屋，平顶上可晾晒粮食或堆放农具。土掌房建造容易，冬暖夏凉，特别适合于干热河谷地带的气候。

景谷傣族住土木结构平房，房顶不高，用茅草或瓦覆顶。分中堂，左右两厢。中堂置三角火塘，为煮饭、会客之处。左厢房为长辈卧室，右厢房为子女卧室。

浙江余姚河姆渡遗址为代表的长江流域及以南地区的建筑模式——干栏式建筑，一般是用竖立的木桩或竹桩构成高出地面的底架，底架上有大小梁木承托的悬空的地板，其上用竹木、茅草等建造住房。干栏式建筑上面住人，下面饲养牲畜。

干栏式建筑

第三章

仰韶文化遗址：母系氏族到父系氏族的转变

一、仰韶文化，炎黄传说的印证

仰韶文化是黄河流域影响最大的一种原始文化，它纵横两千里，绵延数千年，在世界范围内也是首屈一指的。汉族的前身"华夏族"，最早就发迹于黄河流域，而仰韶文化遗址中诸多考古发现，如陶器制造、纺织做衣、绘画雕塑、文字、历法、宫室营建等，同文献记载中炎帝、黄帝时代的创造发明相吻合。

仰韶文化是黄河中游地区重要的新石器时代文化，在前5000年至前3000年。它分布在整个黄河中游，在今天的甘肃省到河南省之间。如今，在中国已发现上千处仰韶文化的遗址，其中以河南省和陕西省为最多，它们是仰韶文化的中心。

巩义双槐树仰韶文化遗址

仰韶文化是一个以农业为主的文化，其村落或大或小，比较大的村落的房屋有一定的布局，周围有一条围沟，村落外有墓地和窑场。村落内的房屋主要有圆形和方形两种，早期的房屋以圆形单间为多，后期以方形多间为多。房屋的墙壁是泥做的，有用草混在里面的，也有用木头做骨架的。墙的外部多被裹草后点燃烧过，来加强其坚固度和耐水性。

仰韶文化的农耕石器包括石斧、石铲、磨盘等，除此之外还有骨器。除农耕外，仰韶文化的人显然还进行渔猎。在出土的文物中有骨制的鱼钩、鱼叉、箭头等。仰韶文化前期的陶器多是手制的，中期开始出现轮制的。一些出土的陶器上留有布和编织物印下来的纹路，由此可见仰韶文化有编织和织布的手工业。在发掘的动物骨头中，除猎取的野生动物外，还有大量狗和猪的骨骼，羊比较少。

对仰韶文化墓地的发掘，为对其文化的认识带来了许多贡献。墓地的随葬品和下葬的方式为了解当时的生活方式、信仰、生活条件带来了许多启发。

对于仰韶文化的内部分类、时间上的分类以及各个遗址之间的相互关系，在学术界还有争论。对仰韶文化的社会结构

仰韶村落房屋还原

也有不同的看法。仰韶文化向人们展示了中国母系氏族制度繁荣至衰落时期的社会结构和文化成就。

现在一般认为陕西地区的仰韶文化是继老官台文化之后发展起来的，按时代顺序可以分为半坡类型、庙底沟类型和半坡晚期类型3个不同的发展阶段。河南龙山文化被看作仰韶文化的继承文化。

二、仰韶的陶器文化

彩陶，是生活在黄河流域的新石器时代晚期的中华民族的祖先制作的一种红色的上边再画上彩色花纹的特殊陶器。在河南西部渑池县城北韶山南的仰韶村出土了大批的陶罐、陶碗、蓝纹绳纹、带流陶杯等彩陶器物。这是中国第一次发现彩陶。彩陶系使用黏土作原料，用手盘筑或用捏制或用轮制而成陶坯，打磨光滑后，并用赤铁矿粉和氧化锰作颜料，使用类似毛笔的描绘工具，在陶坯表面上彩绘各种图

仰韶文化彩陶罐

案，入窑经900℃—1050℃火烧后，在橙红色的底色上，呈现赭红、黑、白等诸种颜色的图案纹饰。彩陶记载着人类文明初始期的经济生活、宗教文化等方面的信息，因而我们称这种文化为"彩陶文化"；又因为这种文化首先在河南省渑池县仰韶村发现，所以也叫"仰韶文化"。

仰韶陶器

仰韶文化制陶业发达，较好地掌握了选用陶土、造型、装饰等工序。陶器多采用泥条盘筑法成型，用慢轮修整口沿，在器表装饰各种精美的纹饰。陶器种类有钵、盆、碗、细颈壶、小口尖底瓶、罐与粗陶瓮等。其彩陶器造型优美，表面用红彩或黑彩画出绚丽多彩的几何形图案和动物形花纹，其中人面形纹、鱼纹、鹿纹、蛙纹与鸟纹等形象逼真生动。不少出土的彩陶器为艺术珍品，如水鸟啄鱼纹船形壶、人面纹彩陶盆、鱼蛙纹彩陶盆、鹳衔鱼纹彩陶缸等。陶塑艺术品也很精彩，有附饰在陶器上的各种动物塑像，如隼形饰、羊头器钮、鸟形盖把、人面头像、壁虎及鹰等，皆栩栩如生。在半坡等地的彩陶钵口沿黑宽带纹上，还发现有50多种刻画符

仰韶文化人面鱼纹彩陶盆

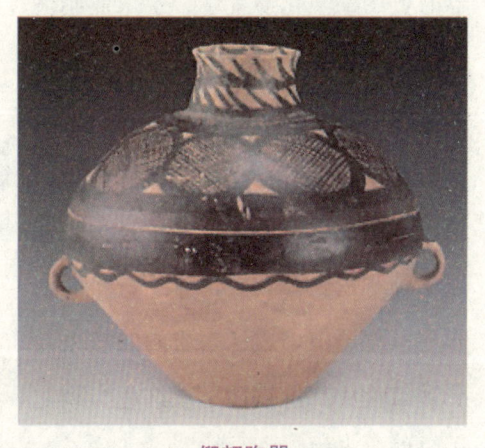

仰韶陶器

第三章 仰韶文化遗址：母系氏族到父系氏族的转变 / 39

号，可能具有原始文字的性质。在濮阳西水坡又发现用蚌壳摆塑的龙虎图案，是中国迄今所知最完整的原始时代龙虎形象。在许多陶器的底部还发现有布纹席纹和其他编织印纹。

中国的仰韶文化距今约五六千年，这时的陶器是以红陶为主，灰陶、黑陶次之。红陶分细泥红陶和夹砂红陶两种。主要原料是黏土，有的也掺杂少量沙砾。在仰韶陶器中，细泥彩陶具有独特造型，表面呈红色，表里磨光，还有美丽的图案，是当时最闻名的。细泥陶反映了当时制陶工艺的水平，具有一定代表性。西安市半坡村发掘的彩陶盘也是属于仰韶文化的产品。

到了龙山时期（前2300年左右，指的是在山东章丘龙山镇发掘的新石器时代中期文化遗址），手工业制陶有了巨大进步。制坯方法广泛使用轮制，造形精美，而且开始用高岭土制白陶。在这个时期，人们已懂得利用烧成后期窑内的气体特性来赋予陶器以各种颜色。仰韶文化时期，陶器通常在氧化焰中烧成，陶质内的铁大部分被氧化成高价铁而呈土红色。到龙山时期，由于陶窑的改革，人们在陶

仰韶文化堆饰红陶鼓

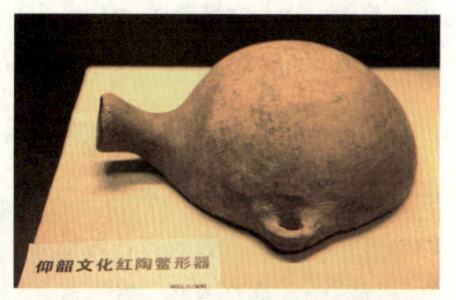

仰韶文化红陶鳖形器

仰韶文化弦纹带红陶盆

仰韶文化锥刺纹红陶豆

龙山文化鬲足鸟形器 　　　　　龙山文化鬲足鸮形器

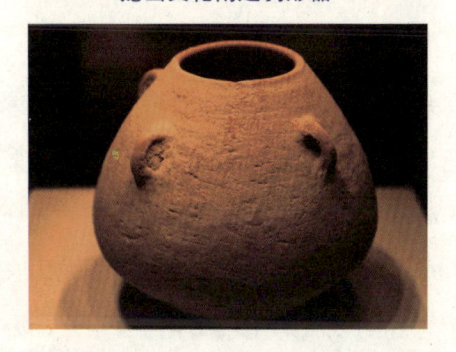

龙山文化鬲足鸮形器　　　　　龙山文化红陶三系陶罐

器即将烧成时，一方面猛加燃料，同时封闭窑顶，使窑内氧气不足，陶器就在还原焰中焙烧，陶质内的铁大部分转化为低价铁，使陶器呈灰色或灰黑色。所以龙山文化时期灰陶的产品最多。

在商代出现的刻纹白陶和薄壳白陶，尤为出色。它们质地优良，刻画精细，造型端正美观，坚硬耐用。白陶之所以有这些优点，主要由于使用了高岭土。高岭土的主要成分是硅酸铝，含铁量低，质料较细，可塑性强，在高温烧成后，外形洁白美观。人们对高岭土的使用和认识，与后来瓷器的发明有一定的联系。若在陶器的外表再着一层釉，不仅器表光滑美观，而且便于洗涤和存储液体，尤其是储藏酒类的饮料，不会因渗透而造成损失。所以釉陶的出现，表明了制陶工艺的又一大进步。

到了商代的中后期，釉陶逐渐增多，表明人们已从无意识地发现釉料发展到有意识地配制釉料。对出土的商周釉陶进行的分析，证明当时使用的釉是石灰釉，即由石灰石或方解石等碳酸盐加上一定量的黏土和其他物质配制成的。

三、仰韶遗址

中国黄河流域新石器时代的遗址—仰韶文化的命名地——仰韶遗址，位于河南省渑池县城北 7.5 千米仰韶村南的台地上。遗址长约 900 米，宽约 300 米，面积近 30 万平方米。1980 年和 1981 年，河南省文物研究所在仰韶村遗址进行发掘，发现仰韶村遗址主要包括有仰韶文化中期（庙底沟类型）、仰韶文化晚期、龙山文化早期（庙底沟二期文化）和龙山文化晚期（河南龙山文化）4 层互相叠压的文化堆积，其中仰韶文化晚期包含了两个层次的不同年代的遗存，其上还有东周文化的遗存。1961 年，仰韶遗址被列入中华人民共和国国务院公布的全国重点文物保护单位。

河南省渑池县仰韶村遗址标

1. 仰韶遗址的发现

仰韶遗址位于河南省渑池县城北韶山脚下，距县城 9 千米。遗址北依韶峰，三面环水，风光宜人，山水秀美，土地肥沃，是我们祖先狩猎、渔牧、定居的理想场所。遗址从东北到西南长 900 余米，从西北到东南宽 300 余米，总面积约 30 万平方米。文化层厚度 2—4 米，这种现象说明我们的祖先在此过着长久的定居生活。

1921 年 10 月，受聘于北洋政府农商部矿业顾问的瑞典地质学家安特生报经中国政府批准，同中国地质学家袁复礼、陈德广等人对该遗址进行了首次调查及发掘，并获得了大量的

河南省渑池县仰韶文化遗址

文物资料，从而证实该处为新石器时代文化遗存。按照考古学的惯例，一般将首次发现古文化遗存的地名命名为该文化的名称，因仰韶文化首次发现于渑池仰韶村，故称为"仰韶文化"。自此开创了中国近代考古学的滥觞，揭开了我国原始社会考古研究的第一页，填补了中国远古文化发展史上的空白，也使仰韶村古文化遗址举世瞩目，驰名中外，成为中外史学界、考古学界向往的古文化"圣地"。仰韶村遗址被发现后，引起了考古学界的高度重视。为了进一步了解该遗址的文化内涵、来龙去脉，中华人民共和国成立后，又先后对该遗址进行了两次发掘与研究工作。

1951年6月，中国科学院考古所河南调查团夏鼐等专家学者对渑池仰韶村遗址进行了第一次发掘，发现了红底黑彩、深红彩的陶罐、碗、小口尖底瓶，以及龙山时期的磨光黑陶、压印方格纹灰陶，带流陶杯和绳纹灰陶鬲等文物。

第二次的发掘研究工作是在1980年10月至11月和1981年3月至4月间进行的，由河南省文物研究所同渑池县文化馆共同主持。这次发掘进一步澄清了仰韶村古文化遗址的内涵，证实了该遗址含有仰韶和龙山两个考古学文化、四个不同发展阶段的地层叠压关系。第一期文化属仰韶文化庙底沟类型，第二期文化属豫西、晋南和关中东部地区仰韶文化的晚期遗存，第三期文化属河南龙山文化的庙底沟类型，第四期文化为河南龙山文化的三里桥类型。仰韶村遗址经过两次发掘获得了大量的遗迹、遗物，从而为研究我国社会发展史提供了丰富的实物资料。

仰韶文化船形彩陶壶

仰韶文化杯口双系尖底瓶

四、半坡遗址

1. 半坡遗址的发现

半坡遗址位于陕西省西安市东郊灞桥区浐河东岸,是黄河流域一处典型的原始社会母系氏族公社村落遗址,属新石器时代仰韶文化,半坡文化是仰韶文化的分期,是不同区域同一文化发展的表现,距今6000年左右。半坡遗址于1952年发现,1954—1957年进行发掘工作,面积约5万平方米,已发掘出45座房屋、200多个窖穴、6座陶窑遗址、250座墓葬,出土生产工具和生活用品约1万件,还有粟、菜籽遗存。其中房屋有圆形、方形半地穴式和地面架木构筑之分。

半坡遗址分为居住、制陶、墓葬3个区,居住区是村落的主体。半坡人属于新石器时代,使用的工具主要是木制和石器。妇女是半坡人中主要的生产力,制陶、纺织、饲养家畜都由她们承担,男人则多从事渔猎。

半坡类型的房子发现45座,有圆形、方形和长方形,有的是半地穴式

建筑，有的是地面建筑。每座房子在门道和居室之间都有泥土堆砌的门槛，房子中心有圆形或瓢形灶坑，周围有1—6个不等的柱洞。居住面和墙壁都用草拌泥涂抹，并经火烤以使房子坚固和防潮。圆形房子直径一般在4—6米，墙壁是用密集的小柱上编篱笆并涂以草拌泥做成。方形或长方形房子面积小的12—20平方米，中型的30—40平方米，最大的复原面积达160平方米。储藏东西的窖穴分布于各房子之间，形状多为口小底大圆袋状。家畜饲养圈栏两个均作长方形。

半坡遗址房屋布局

半坡遗址房屋布局

半坡遗址是我国首次大规模发掘的一处新石器时代村落遗址，于1957年建成博物馆。该馆现有陈列室3个、遗址大厅1个。在这里，既能看到人类童年时代的纯朴，也能寻觅到中华先祖艰辛的足迹。

2. 半坡出土文物

半坡遗址出土的生产工具分别用石、骨、角、蚌、陶制成。有斧、铲、锛、刀、石磨盘和磨棒、箭头、鱼钩、鱼叉等。生活用具主要是陶器。陶器以红色陶为主，还有红褐陶及少量灰陶，陶质有夹砂、泥质和细泥3种。另外还有精美多样的装饰品、乐器。半坡遗址中还有芥菜或白菜的碳化种子以

半坡遗址出土石刀、陶刀

第三章 仰韶文化遗址：母系氏族到父系氏族的转变 / 45

及粟的遗迹，人工饲养的猪、狗骨骼以及各种动物骨骼、鱼骨和果食等，说明半坡人过着以农业为主的经济生活，狩猎和采集也占有一定地位。

（1）生产工具。半坡遗址共出土石、骨、角、陶、蚌、牙等质料的各种生产工具5275件，另有陶制半成品2638件。按照工具的主要功用，可区分为三大类：家业生产工具、渔猎工具、手工业工具。此外，还有一类，包括因功用不明或可兼用于不同工作部门的各种工具。

半坡遗址出土生产工具　　　　　　　　半坡遗址出土生产工具

（2）生活用具。当时人们日常生活用的器具主要是陶器。在遗址中收集的陶片在50万片以上，超过全部出土物总数的80%，完整的和能够复原的器皿近1000件。从其形状、质地和生活需要来看，可以分为饮食用器、水器、饭炊器和储藏器等不同类别。有的陶器口部或陶片上有刻画符号，计22种，100余个，可能为记事或记数用的。郭沫若则认为这是中国文字的雏形。

半坡遗址出土文物

（3）其他人工制品。半坡遗址中出土的乐器，有陶制的口哨（或称作陶埙）两只，保存完整，皆为细泥捏制而成，表面光滑但不平整，灰黑色。装饰品发现很多，计有9类1900多件。以形状分，有环饰、璜饰、珠饰、坠饰、方形饰、片状饰和管状饰等；以功用分，有发饰、耳饰、颈饰、手饰和腰饰；以材料分，则有陶、石、骨牙、蚌、玉、阶壳等，其中以陶制的最多，石制、蚌制的次之，骨、牙制的较少。

半坡遗址

（4）动物骨骼。半坡遗址发现的动物骨骼，属于哺乳动物的偶蹄类有猪、牛、羊、斑鹿、麝等；食肉类有狗、狐、獾貉和狸；奇蹄类有马；啮齿类有竹鼠、田鼠；兔形类有兔及短尾兔。另外还有少数鱼类及鸟类骨骼。出土的骨骼，无论是属于家畜还是野生动物，都非常破碎，看来都是经人工打碎的。除了鹿角和部分碎骨可能是作为骨器使用外，其他骨骼似乎都是为了吃肉和吃骨髓而打碎的。

半坡遗址原始人生活复原场景

半坡遗址是中国首次大规模发掘的一处保存较好的新石器时代聚落遗址。它是黄河流域规模最大、保存最完整的原始社会母系氏族村落遗址。半坡遗址的发掘，是首次对一个原始氏族聚落遗址进行大面积还原，确立了一个新的文化类型，为研究中国黄河流域原始氏族社会的性质、聚落布局、经济发展、文化生活等提供了较完整的资料，对研究中国原始社会历史和仰韶文化的分期具有重要的科学价值。

知识小百科

彩陶工艺制作

仰韶文化时期的彩陶制作，据考古后分析主要经过4道程序。

第一，选土。常选用可塑性和操作性较好的红土、沉积土、黑土等，经过淘洗和沉滤后成为较纯较细的原料。从分析出土的彩陶片来看，泥质比后来的上等陶器并不逊色。

花瓣纹彩陶钵

第二，制坯。彩陶坯最初大多是手制。小型器皿是直接捏塑而成的；较大的陶器，其体部坯子，一般采用泥盘筑法分两段制成。粗坯制成后再装上颈口，嵌入把手，制坯工序初步完成。其外形圆正规矩，对称性很强，在器壁外有轮纹存在。这表明仰韶文化时期，已开始出现慢轮制陶。

第三，彩绘和纹饰。一些较精细的彩陶，在彩绘之前，往往将陶坯放入极其细腻的泥浆中，让它披上一层均匀的陶衣便于上彩。彩绘就是将有色的天然矿物涂绘在陶坯上。仰韶文化时期陶器的纹饰大多是用带有花纹的木印板拍印上去的。

第四，烧窑。从考古发掘的材料来看，仰韶文化时期的陶窑主要是竖穴窑和横穴窑。它们都是由火口、火膛、火道、窑室等所组成，在火膛中燃烧起来的火焰，经火道到达窑室。这两种窑，由于有了窑室，陶器不是直接在火焰上烧烤，已较原始的篝火式或炉灶式有了很大的进步。分析出土陶片的烧结状况，彩陶的烧成温度大约已达950℃。

第四章

三星堆遗址：长江流域的古文明（二）

三星堆遗址属全国重点文物保护单位，是中国西南地区的青铜时代遗址，位于四川省广汉南兴镇。1980年起发掘，因有3座突兀在成都平原上的黄土堆而得名。三星堆文明上承古蜀宝墩文化，下启金沙文化、古巴国，前后历时约2000年，是我国长江流域早期文明的代表，也是迄今为止我国信史中已知的最早的文明。不能否认，三星堆文化的确是中华文明最古老的源流之一。

一、三星堆的发现

三星堆遗址的惊世发现，始于 1929 年当地农民燕道诚于车水淘沟时偶然发现的一坑玉石器。1931 年春，在广汉县传教的英国传教士董笃宜听到这个消息后，找到当地驻军帮忙宣传保护和调查，还将收集到的玉石器交给美国人开办的华

三星堆出土文物

西大学博物馆保管。根据董笃宜提供的线索，华西大学博物馆馆长葛维汉（David Crockett Graham）和助理林名钧于 1934 年春天组成考古队，由广汉县县长罗雨仓主持，在燕氏发现玉石器的附近进行了为期 10 天的发掘，收获丰富。根据这些材料，葛维汉整理出《汉州发掘简报》。遗憾的是，三星堆遗址自 1934 年首次发掘以后，就长期停滞。

20 世纪 50 年代开始，考古工作者又恢复了在三星堆的考古工作。当时人们还没有认识到三星堆遗址的巨大规模，所以将三星堆遗址北部的月亮湾地点和南部的三星堆地点各自当作一个遗址，分别命名为"横梁子遗址"和"三星堆遗址"。1963 年，由冯汉骥领队，四川省博物馆、四川大学历史系组成的联合考古队再次发掘了三星堆遗址的月亮湾等地点，展现了三星堆遗址和文化的基本面貌。当时，冯汉骥教授就认识到，三星堆"一带遗址如此密集，很可能就是古代蜀国的一个中心都邑"。

20 世纪八九十年代后，三星堆遗址迎来了大规模的连续发掘时期，前后长达 20 年。1980—1981 年的发掘，清理出成片的新石器时代的房址遗迹，出土标本上万件，还发现了具有分期意义的地层叠压关系。这次的发掘报告《广汉三星堆遗址》指出，三星堆是"一种在四川地区分布

较广的、具有鲜明特征的,有别于其他任何考古学文化的一种古文化",已经具备了夏鼐提出的命名考古学文化的3个条件,建议命名为"三星堆文化"。

1982年和1984年,考古工作者分别在三星堆西南和西泉坎地点进行了两次发掘,发现三星堆遗址最晚期的遗存。1986年的发掘出土了大量遗物,发现了复杂的地层叠压关系。根据这年的发掘材料,一些考古研究者开始了三星堆遗址分期的尝试。也正是在1986年,两处埋藏有丰富宝藏的长方形器物坑被意外发掘出来,其包含的大量金属器的出土,引起了海内外学术界对位于中国西南的古蜀文明的重视。在三星堆遗址大规模发掘的同时,1985—1987年,考古人员对成都市区的十二桥遗址进行了发掘,该遗址最下层的文化面貌与三星堆遗址最晚期遗存相同,为三星堆文化的去向等问题提供了重要材料。

1990年开始,对三星堆文化

三星堆出土文物

三星堆出土文物

三星堆出土文物

第四章 三星堆遗址:长江流域的古文明(一)/ 53

和文明的探索从成都平原延伸到渝东地区和陕南地区。早于三星堆文化的四川盆地新石器时代文化面貌的初步揭示，并且发现多处龙山时代的古城遗址和若干处具有新石器时代文化向三星堆文化过渡阶段遗存，为三星堆文明研究的深入进行提供了更广阔的前景。

为了最大限度地保护三星堆遗址中的文物，专家在等待考古挖掘技术和保护技术更加成熟的一天，考古挖掘工作因此中断了 35 年之久，直到 2021 年，再次启动。此消息一经公布，立刻引起公众的普遍关注和讨论，人们纷纷好奇三星堆里究竟还能挖出什么惊世骇俗的物件来。考古学家在这次挖掘中，发现了 6 个祭祀坑，并在祭祀坑中发现了厚度非常薄、形式美观的黄金面具，以及铜制纵目面具，和大量象牙。三星堆器物造型的独特，器物上神秘、繁复的花纹，都让古蜀文化成为中华文化史中最为神秘的面纱，让人遐想无边、沉醉其中的同时，产生了热烈的探究和向往之情。

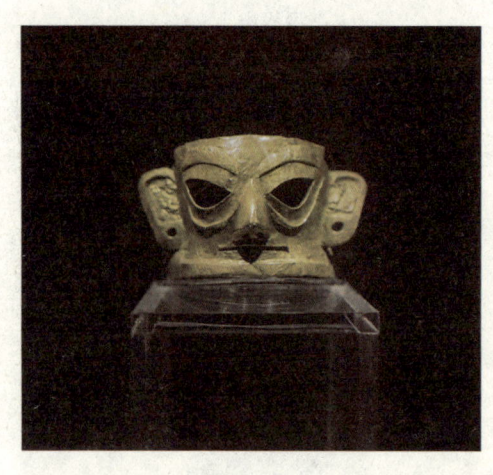

三星堆面具

二、三星堆遗址

三星堆遗址是一个总面积超过 12 平方公里的大型遗址群，包括大型城址、大面积居住区和两个器物坑等重要文化遗迹，位于四川省成都平原北部之沱江冲积扇上，西出广汉市 7 里许，北临沱江支流湔江（俗称鸭子河），悠悠五千载，胜迹昭汗青。传说玉皇大帝在天上撒下了三把土，落在广汉的湔江边，成为突兀在大平原上的三座黄土堆，犹如一条直线上分布的三颗金星，三星堆因此而得名。现在考古发掘确认：三堆土实际是这个千年古都的南城墙，城墙上有两个缺口，是因年代久远，城墙坍塌剥蚀而成的。三星堆的实体已在20世纪七八十年代烧砖瓦的热潮中夷为平地，而仅存的半个堆也是在1986年砖厂取土过程中发现两个祭祀坑后停止挖土才保存下来的。

三星堆出土文物

三星堆遗址的年代从新石器时代晚期延续到商末周初，三星堆遗址内存在3种面貌不同但又连续发展的3期考古学文化，即以成都平原龙山时代至夏代遗址群为代表的一期文化，又称"宝墩文化"；以商代三星堆规模宏大的古城和高度发达的青铜文明为代表的二期文化；以商末至西周早期三星堆废弃古城时期为代表的三期文化，即成都"十二桥文化"。

三、古老的青铜王国

过去常说，中国文明是"上下五千年"，但真正的文明，只能追溯到夏朝之前的伏羲、炎黄、颛顼、尧舜。而"三星堆"的发现，众多的青铜文物出土，将夏朝之前的700年辉煌历史，生动地摆到了世人的面前。

可以说，三星堆的发现，是真正颠覆性的，它使我们重新认识中国的社会发展史、冶金史、畜牧农耕史、艺术史、文化史、军事史和宗教

三星堆出土文物方鼎

史。许多约定俗成的观念都因此改变。例如，中国的青铜时代，过去一向是从商朝算起，也就是3000多年前，河南安阳出土的中国最重的青铜器——司母戊铜方鼎是最典型的代表。然而三星堆千余件的青铜文物，其数量质量（高超铸造工艺）都说明，我国早在夏朝之前700年，就已进入到了高度发达的青铜时代。

三星堆出土文物青铜纹饰

在三星堆二期文化中，青铜文明的自身文化特点始终占据主导地位，并且其影响范围也超出了传统的古蜀国分布的成都平原，扩散到陕南地区和江汉平原等地。同时，青铜文明也受到中原夏商文明及长江中游地区、陕南地区文明的强烈影响，表现出古蜀文明强烈的内聚和外衍的两面性。

四、三星堆遗址出土的文物精品

1. 大立人像

大立人像像高180厘米，通高262厘米，是一号祭祀坑出土的。

在三星堆众多的青铜雕像群中，足以领衔群像的最高统治者非大立人像莫属——不论是从服饰、形象还是体量等各方面看，这尊大立人像都堪称它们的"领袖"人物。以往殷墟出土的玉石铜人像与之相比，真可谓是"小巫"见"大巫"了。就全世界范围来看，三星堆青铜大立人像也是同时期体量最大的青铜人物雕像。

雕像系采用分段浇铸法嵌铸而成，身体中空，分人像和底座两部分。人像头戴高冠，身穿窄袖与半臂式共3层衣，衣上纹饰繁复精丽，以龙纹为主，辅配鸟纹、虫纹和目纹等，身佩方格纹带饰。其双手手型环握中空，两臂略呈环抱状构势于胸前。脚戴足镯，赤足站立于方形怪兽座上。其整体形象典重庄严,似乎表现的是一个具有通天异禀、神威赫赫的大人物。

　　这尊"纪念碑"式的大立人雕像究竟象征什么身份呢?目前,学术界有几种不同的意见:一种意见认为,青铜大立人像是一代蜀王形象,既是政治君王同时又是群巫之长;另一种意见认为其是古蜀神权政治领袖形象;还有一种意见认为其形象酷似汉语古文字中"尸"字的字形,应将其解读为"立尸"。这种观点所提到的"尸",大体来说是指双重身份的人即具有主持祭神仪式的主祭者和作为神灵象征的受祭者。与之相对的观点则认为该人像与古文献中所谓"立尸"或"坐尸"的内涵截然不同。我们倾向于认为,他是三星堆古蜀国集神、巫、王三者身份于一体的最具权威性的领袖人物,是神权与王权最高权力之象征。

大立人像

　　大立人像身佩的方格纹带饰,当具有表征权威的"法带"性质。其衣服上的几组龙纹装饰似有与神灵交感互渗的意义,其所穿之衣很可能是巫师的法衣。他手中是否原本持(抱)有某种法器?有人认为是琮,有人认为是权杖,有人认为是大象牙,还有人认为是类似彝族毕摩(祭司)

的神筒或签筒，也有人认为他是在空手挥舞，表现的是祭祀时的一种特定姿态。

2. Ⅰ号大型铜神树

Ⅰ号大型铜树干残高359厘米，通高396厘米，于2号祭祀坑出土。

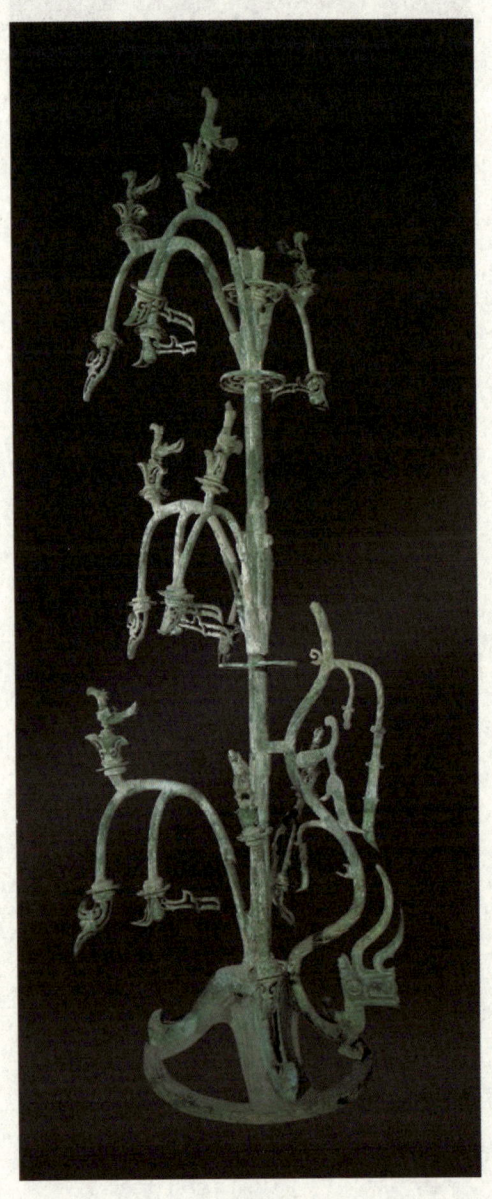

Ⅰ号大型铜神树由底座、树和龙三部分组成，采用分段铸造法铸造，使用了套铸、铆铸、嵌铸等工艺，通高3.96米，树干顶部及龙身后段略有残缺。在我国迄今为止所见的全部青铜文物中，这株神树也称得上是形体最大的一件。

铜树底座呈穹隆形，其下为圆形座圈，底座由三面弧边三角状镂空虚块面构成，三面间以内撅势的三足相连属，构拟出三山相连的"神山"意象，座上铸饰象征太阳的"☉"纹与云气纹。树铸于"神山之巅"的正中，卓然挺拔，有直接天宇之势。树分3层，每层3枝，共9枝；每枝上有一仰一垂的两果枝，果枝上立神鸟，全树共27枚果实、9只鸟。树侧有一条缘树逶迤而下的身似绳索相辫的铜龙，整条龙造型怪异诡谲，莫可名状。

Ⅰ号大型铜神树

关于这株铜树的内涵，目前在学术界尚存在不同看法，但将铜树界定为"神树"，则是共识：第一种观点认为，这株铜神树的造型与内涵应与《山海经》中记载的"建木"相关，铜树是古蜀人沟通人神、上下天地的天梯，反映了古蜀人交通于天人之际的特殊宗教权力被古蜀国神权政治集团所独占的情况。与此相对的观点则认为铜神树并非建木，从其构型分析，更多的与《山海经》描述的"若木"相似。第二种观点认为，铜神树具有"社"的功能，与载籍所记"桑林"一致，应为"社树"。第三种观点认为，铜神树为古蜀人的宇宙树，反映了蜀人的世界观。第四种观点认为，铜神树起源于古人对日晕现象的认识，代表东西两极的扶桑与若木。

这里，我们对这株铜神树作一简要分析：铜树上铸有九只鸟，有何具体寓意呢？在古代"十日神话"中，太阳的运行是由自在飞翔于天宇的鸟背负而行，这是先民对太阳东西移行现象富有想象力的"解释"。古代很多民族都将鸟的形象作为太阳的象征，这在文化人类学资料中有大量的记述。中西考古资料中也有不少鸟日并见的图像。三星堆铜神树上所铸的神鸟当即神话中金乌（即太阳）的写照。三星堆铜神树三层九枝及其枝头分立九鸟的形象，符合"扶桑"和"若木"的"上有十日"这一最为显著的特征。铜神树铸饰九鸟，或原顶部有一只鸟，也可能制作者表达的构型意图是另有一只鸟在天上值日。同时铜神树也具有"建木"的特征和功能，载籍描述建木有树叶、花卉、花果与"黄蛇"，铜神树的形式构成中同样有花果与神龙，而铜神树所在的位置恰好是古史神话传说中所谓"天地之中"的成都平原，"天地之中"意即"世界中心"，表征这是一株挺立于大地中心的神树。

因此，我们倾向于认为三星堆神树应是古代传说中"扶桑""建木"等神树的一种复合型产物，其主要功能之一即为"通天"。古时神树连接天地，沟通人神，神灵借此降世，巫师借此登天，树间攀缘之龙，或即巫师之驾乘。

三星堆神树是中国青铜神树伟大的实物标本，当可视作上古先民天地不绝、天人感应、天人合一、人神互通之神话意识的形象化写照。三星堆神树反映了古蜀先民对太阳及太阳神的崇拜，它在古蜀人的神话意识中具有通灵、通神、通天的特殊功能，是中国青铜神树最具典型意义和代表性的伟大的实物标本。

3. 金杖

金杖全长1.42米，直径2.3厘米，净重约500克，一号祭祀坑出土。

金杖是中国已出土的同时期金器中体量最大的一件。金杖系用金条捶打成金皮后，再包卷在木杖上；出土时木杖已碳化，仅存金皮，金皮内还残留有碳化的木渣。在金杖一端，有长约46厘米的一段图案，图案共分3组：靠近端头的一组，合拢看为两个前后对称、头戴五齿巫冠、耳饰三角形耳坠的人头像，笑容可掬；另外两组图案相同，其上下方分别皆是两背相对的鸟与鱼，在鸟的颈部和鱼的头部叠压着一支箭状物。

这组图案究竟表现的是什么内容呢？目前学术界有观点认为表现的是分别以鱼和鸟为祖神标志的两个部族联盟而形成了鱼凫王朝；图案中的"鱼""鸟"就是鱼凫王朝的徽号、标志。另一种说法则认为

金杖

金杖上的鱼鸟图象征着上天入地的功能，是蜀王借以通神的法器。当然，这只是一种猜测，尚无定论，其内涵有待更为深入的探讨。关于金杖的性质则有"王杖说""法杖说""祭杖说"及祈求部族或王国兴盛的"法器"说等等。多数学者倾向于认为金杖是古蜀国政教合一体制下的"王者之器"，象征着王权与神权。据古文献记载，中国夏、商、周三代王朝均以九鼎作为国家权力的最高象征，而三星堆以杖象征权力，反映出古蜀与中原王朝之间文化内涵的差异，显示出浓厚的神权色彩和地域特色。在地中海沿岸的古希腊文明、古埃及文明、古巴比伦文明及其他的西亚文明中，均有以杖形物作为神权、王权等最高权力象征的文化现象，故一些专家学者推测金杖的文化因素来源于西亚近东文明，是文化交流、文化传播和采借的产物。

五、三星堆博物馆

三星堆博物馆集文物收藏、保护、学术研究和社会教育多种功能

三星堆博物馆

于一体，采用现代科学手段实施管理，集中收藏和展示三星堆遗址及遗址内一、二号商代祭祀坑出土的青铜器、玉石器、金器以及陶器、骨器等千余件珍贵文物。

三星堆文物

三星堆文物是宝贵的人类文化遗产，在中国浩如烟海、蔚为壮观的文物群体中，是最具历史科学文化艺术价值和最富观赏性的文物群体之一。在这批古蜀秘宝中，有许多奇异诡谲的青铜器造型，有高2.62米的青铜大立人，有宽1.38米的青铜面具，更有高达3.96米的青铜神树等，均堪称独一无二的旷世神品。而以流光溢彩金杖为代表的金器，以满饰图案的边璋为代表的玉石器，也都是前所未见的稀世之珍。

《古城古国古蜀文化陈列》中记载的文物为博物馆的基本陈列，共分为8个陈列单元。陈列充分运用各种现代表现手法，通过精心的空间组合，深刻发掘文物内涵，追求陈列内容科普化与陈列形式艺术化的完美结合。该陈列荣获首届全国文博系统十大陈列展览精品奖。

博物馆主体建筑外形追求与地貌、史迹及文物造型艺术相结合的神韵，融原始意味和现代气息为一体。馆外环境布局巧妙，匠心独具，园内绿草如茵，湖光岛影，充分体现了博物馆"馆园结合"之特色。

三星堆博物馆以其文物、建筑、陈列、园林之四大特色,成为享誉中外的文物旅游胜地,是四川五大旅游景区之一、首批国家"AAAA"级旅游景区、世界首家同时通过"绿色环球21"与ISO9001:2000认证的博物馆。

三星堆青铜神树

第五章

金沙遗址：长江流域的古文明（二）

金沙遗址位于四川省成都市西郊青羊区金沙遗址路,是中国进入21世纪以来的第一项重大考古发现,2006年被评为全国重点文物保护单位。金沙遗址是工人在开挖蜀风花园大街工地时发现的,引起各界关注。专家们一致认为,金沙遗址是四川省继广汉三星堆之后最为重大的考古发现之一,金沙遗址的发掘,对研究古蜀历史文化具有极其重要的意义。成都有文字可考的建城历史最早可追溯到张仪筑成都城的战国晚期,而金沙遗址所提供的是以往文献中完全没有的珍贵材料。

金沙遗址距离三星堆文化遗址50千米,所处年代在公元前1250年至前公元650年,在公元前1000年时较为繁荣。金沙文化和三星堆文化的文物有相似性,但是没有城墙,约等于三星堆文化的最后一期,代表了古蜀的一次政治中心转移。该遗址为商周时期蜀文化中心遗址,分布面积在5平方千米以上,同时很有可能是古蜀国的又一都邑所在。

一、金沙遗址

金沙遗址主要有一些祭祀场所、大型建筑、一般房址和墓地等。

祭祀场所位于遗址东南部，沿着一条古河道南岸分布，面积约15000平方米。目前发现了与祭祀活动相关的遗迹63个，出土金器、铜器、玉器、石器等珍贵文物6000余件、象牙数百根，还出土了2000多根野猪獠牙、2000多只鹿角等。

大型建筑位于金沙遗址东北部，是一处由8座房址组成的大型宗庙或宫殿建筑，由门房、厢房、前庭、殿堂构成，总长90米，宽50余米，总面积约5000平方米。这是我国西南地区先秦时期发现的最大的一群建筑，为木骨泥墙式建筑，屋顶覆以茅草。

一般房址发现了70余座，分布在10多个居住区，在房址周围，发现有水井、生活废弃物的灰坑、烧制陶器的陶窑等。

已发现集中的墓地有3处，共有墓葬2000余座。其中有单人葬、双人合葬，经鉴定的双人合葬墓均为一男一女，可能是夫妻合葬；有一次葬、二次迁葬；有竖穴土坑墓、船棺墓。大部分墓葬没有随葬品，少部分墓葬随葬有一些陶器，极少数墓葬随葬有较多的铜器、玉器等。

成都金沙遗址

二、出土文物

已经清理出的珍贵文物多达千余件，精美程度极高。包括金器30余件、玉器和铜器各400余件、石器170余件、象牙器40余件，出土象牙总重量近1吨，此外还有大量的陶器出土。从文物时代看，绝大部分约为商代（公元前17世纪初—前11世纪）晚期和西周（公元前11世纪—前771年）早期，少部分为春秋时期（公元前770年—前476年）。而且，随着发掘的进展，不排除还有重大发现的可能。

已出土的文物表明，古蜀统治者的活动早在3000年前就开始了。就金沙遗址出土的文物来看，其中很多都是有特殊用途的礼器，应为当时蜀地最高统治阶层的遗物，这些遗物在风格上既与三星堆出土物相似，也存在某种差异，表明该遗址与三星堆有着较为密切的渊源关系，而存在的差异是否在年代或遗存性质上有不同则需进一步工作才能确定。

1. 金器

金沙遗址出土金器30余件，有金面具、金带、圆形金饰、蛙形金饰、喇叭形金饰等，其中金面具距今约3000年，与三星堆的青铜面具在造型风格上基本一致，其他各类金饰为金沙所特有。不得不提的就是太阳神鸟金饰，它呈圆形，器身极薄。图案采用镂空方式表现，内层分布有12条旋转的齿状光芒；外层图案由4只飞鸟首足前后相接，4只神鸟围绕着旋转的太阳飞翔，中心的太阳向四周喷射出12道光芒，体现了远古人类对太阳及鸟的强烈崇拜，所以又被称为"四鸟绕日"，是古蜀国黄金工艺辉煌成就的代表。环绕太阳飞翔的4只神鸟，反映了先民们对美好生活的向往，体现了自由、美好、团结向上的寓意，圆形的围合也体现了保护的概念。"12"与"4"都是中国文化经常使用的数字，诸如12个月、十二生肖、四季、四方等，表达了先民们对自然规律的深刻认识。

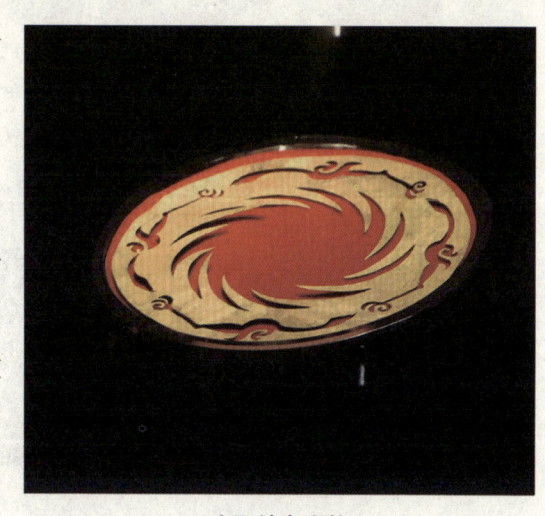

太阳神鸟金饰

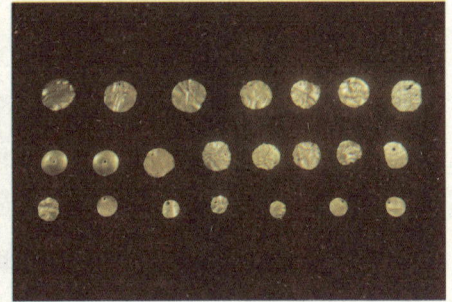

金沙遗址三星堆出土各类文物

68 \ 中国古文化遗址

2. 玉器

金沙遗址出土玉器400余件，有玉琮、玉璧、玉璋、玉戈、玉矛、玉斧、玉凿、玉斤、玉镯、玉环、玉牌形饰、玉挂饰、玉珠及玉料等。出土的玉器十分精美，其中最大一件是高约22厘米的十节玉琮，颜色为翡翠绿，其造型风格与良渚文化的完全一致。该玉琮雕刻极其精细，琮表面有细若发丝的微刻花纹和一人形图案，堪称一绝；数量极多的圭形玉凿和玉牌，雕刻形式颇具特色；大量玉璋雕刻细腻，纹饰丰富，有的纹饰上饰有朱砂。玉琮的发现进一步证明长江下游文化对蜀地古文化的某种影响。

金沙遗址出土玉器

3. 铜器

金沙遗址出土铜器400余件，基本上为小型铜器，主要有铜立人像、铜瑗、铜戈、戚形方孔铜璧、铜铃、铜挂饰、铜牌饰及铜礼器残片等，其中铜立人像的造型风格与三星堆的青铜立人像几乎完全一致。铜器以小型器物为主，目前尚未出土与三星堆一致的大型青铜面具、神树等青铜器。

金沙遗址出土铜器

4. 石器

金沙遗址出土石器170余件，有石璧、石璋、石矛、石斧、石跪坐人像、石虎、石龟、石蛇等；石跪坐人像头顶方形冠饰，两侧上翘，长辫及腰，口部涂砂，双手背后交叉作捆绑状，其造型与成都市方池街遗址出土的石跪人像基本相同；石虎作卧伏状，造型生动，耳部和嘴部涂砂；石蛇的造型更是灵活多样。

金沙遗址出土石器

5. 象牙器

金沙遗址出土象牙器40余件，仅有柱状形器一类。柱状形器的一端正中有一圆点，周围有6个圆点。出土的象牙不计其数，总重量近1吨。在祭祀场所里，这些象牙是古蜀人奉献给天地神灵的重要祭品，有时是整根象牙极有规律地朝着一个方向摆放；有时是象牙被切成饼状或圆柱状；还有的时候是只取象牙的尖来祭祀。这些方式体现出了一种强烈的宗教色彩，具有某种特定的宗教含义。

金沙遗址出土象牙器

6. 陶器

金沙遗址还出土了大量的陶器，有陶尖底盏、尖底杯、高柄豆、圈足罐等。从文物的时代看，绝大部分约相当于殷墟晚期和西周早期，少部分为春秋时期。

此外还出土了木耜、木雕彩绘神人头像等木制器物。

金沙遗址各类陶器

三、独特发现

1. 宫殿遗址区

金沙文化遗存重要分布区在成都市黄忠村金沙朗寓工地，经过一年多的发掘，取得了重大成果。编号为F160和F161两座商周时期大型宫殿建筑基址的发现使金沙遗址大型宫殿遗址区得到确认。这是我国历史上极少的早期宫殿遗址之一，具有很高的研究价值。其具体的发掘还在继续进行。

2. 金沙祭祀台

考古专家介绍，成都金沙遗址的祭祀区与青海喇家遗址的祭坛是目前发掘到的先秦时期仅存的两处具有祭祀建筑的遗址。金沙遗址祭祀区分布在古河道的南岸，长约150米，宽约100米，是一处规模宏大、延续使用了近千年的滨河祭祀场所。金沙遗址的祭祀建筑不是一般顶部平整无建筑物的木构祭台，而是有类似亭子顶部建筑的神圣威严的"社"，被中国古建筑专家杨鸿勋先生称为"古蜀大社"。经考古发掘证实,祭祀台斜坡堆积的黄土层是由人工用生土堆筑而成,可称为黄土台。黄土台长约85米,最宽处约25米,最厚处超过0.6米。

正在发掘现场

金沙遗址祭祀区共出土的6000余件金器、铜器、玉石器、象牙等珍贵文物,90%都出土于黄土台之上。从发掘情况看,金沙遗址祭祀区在建造黄土台前,祭祀品主要以石器和象牙为主,而在建筑黄土台后,开始大量使用金器、铜器、玉器等作为祭祀用品,这也是金沙遗址最为兴盛的阶段。

2002年12月,考古人员在金沙遗址祭祀区东部的黄土层上发现了一处现存8个柱洞的建筑遗迹,同时还在机挖沟壁上发现一处仅几厘米深的小坑,小坑被推断为被破坏了的第9个柱洞,9个柱洞均为圆角方形,深度约1.3米。整个建筑遗迹平面为长方形,呈西北至东南向,与其北面同时期的河流的方向一致。从同时代土层出土的文物看,该建筑遗迹约在商代晚期至西周

祭祀区发掘现场

前期之间，是金沙遗址迄今所发现的160余座建筑遗迹中，木柱最粗大，并唯一呈圆角方形的建筑遗迹；同时，这座建筑遗迹应与祭祀活动相关，不是一般的居住型建筑，而是一处祭祀建筑遗迹。因为其有建造于工程浩大的黄土台上、没有发现墙体的基槽，是祭祀区迄今发现的唯一的建筑遗迹，且在周围发现了大量的祭祀遗迹，出土了大量的珍贵遗物。2009年底，中国著名古建筑专家杨鸿勋先生来到金沙遗址，对祭祀区这座建筑遗迹进行仔细考察后认为，这是一处神圣的祭祀建筑——社，它被称为"古蜀大社"。"古蜀大社"的提出使金沙遗址祭祀建筑的构造更加明晰，并打破了长期以来单纯木构平台而没有顶部的建筑物构想，取而代之的是有类似亭子顶部构造的建筑。

四、金沙遗址博物馆

金沙遗址博物馆是为保护、研究、展示金沙遗址及出土文物而设立的主题公园式博物馆，由遗迹馆、陈列馆、文物保护中心、园林区和游客接待中心5部分组成，占地面积30万平方米，总建筑面积约38000平方米。其中地上建筑面积约28000多平方米，地下约9000平方米。

博物馆位于摸底河南的祭祀区，呈半圆形，建筑面积7588平方米。主要展现金沙遗址的祭祀场所，使参观者可以近距离实地观看考古发掘

金沙遗址博物馆

的过程，感受古蜀国祭祀活动的频繁和宏大气派。陈列馆位于摸底河北，呈方形，地下1层，地上3层，集中展现了金沙时期古蜀先民的生活、生产及其造型奇绝、工艺精湛的器物，还有古蜀文明发生、发展、演变的历史知识的系统介绍。文物保护中心位于博物馆的西北角，是对金沙遗址出土文物进行保护和研究的区域。园林区内有乌木林和玉石之路等文化景观，博物馆主道路西侧是"中国文化遗产标志"的纪念雕塑——太阳神鸟广场。2005年8月16日，金沙遗址出土的太阳神鸟金饰图案被公布为中国文化遗产标志，2005年12月18日，在此设立永久性纪念雕塑。

知识小百科

乌鸦与太阳的神秘联系

在以中国为核心的东方文化传说中，乌鸦是一种扮演着多种角色的神秘的鸟类。在上古神话中，乌鸦总是与太阳有着神秘的联系。为了使这种联系更加突出，这种与太阳相关的乌鸦又被赋予了独特的造型和名称——有着3只脚的乌鸟，名为金乌、三足鸟、阳乌。在我国十分著名的十日神话中，这种乌鸦就扮演着非常重要的角色。根据《山海经》等古籍的记载，中国远古时代太阳神话传说中的十日是帝俊与羲和的儿子，它们既有人与神的特征，又是金乌的化身，是长有3只脚的踆乌，会飞翔。10个太阳每天早晨轮流从东方扶桑神树上升起，化为金乌或太阳神鸟在宇宙中由东向西飞翔，到了晚上便落在西方若木神树上，这表达了融化于神话之中古代对日出日落现象的观察和感受。古人还有许多文献都记载三足乌居日中，因此三足乌又成为太阳的指代，常被用于古人的文章诗词之中。

古人之所以把太阳与乌鸦联系起来，一种说法是古代人把太阳黑子误认为是会飞的黑色的鸟——乌鸦，又因与太阳有关，为金色，故为金乌。三足乌还是神话传说中驾驭日车的神鸟名。这是日中三足乌之演化。另一种说法认为这与乌鸦一种奇怪的习性有关。有科普节目介绍，乌鸦会故意停留在烟雾中，并解释说，烟雾具有一定的杀菌作用，乌鸦耐着烟呛而停身烟雾中，可能是利用烟雾杀菌作用来防病治病。古人可能注意到乌鸦喜欢停留在烟雾中的习性，而其他鸟则无不远离烟火，因而认为乌鸦是与火有关的神物，再加上乌鸦通体漆黑如炭，如同从火中化出，古人可能因此更加确信乌鸦就是火的化身，是活气勃勃的"火"的另一个表现形式。古人认为太阳是世间最大的火，乌鸦因而就与太阳产生了联系。就这样，乌鸦从一种凡鸟一跃成为驮着太阳飞行的神鸦。

金沙遗址太阳神鸟塑像

事实上，乌鸦是一种非常聪明的鸟。加拿大人罗伟夫研究了各种鸟类的行为后，认为乌鸦的智力排名为第一。另有人认为乌鸦的智力大致与黑猩猩相近，相当于三四岁孩童的水平。有一个科教片曾拍摄了一个画面：一只乌鸦叼着一颗核桃投到行车道上，然后飞到电线杆停下来，等候过往的汽车轧碎核桃壳，再趁车流稀少的时候飞下来捡食桃仁。乌鸦的聪明程度真是令人匪夷所思。乌鸦又是少数几种不怕人的鸟类之一，喜欢生活在人类周围，城镇周围常见成群的乌鸦飞来飞去，成语"爱屋及乌"非常形象地说明了这种现象。

中国对乌鸦的早期崇拜是太阳崇拜的一种表现形式。中国古代的器物饰纹和壁画中多有乌鸦的形状。战国与秦代的铜镜上有三乌环日图，汉代瓦当上有绕日飞行的三乌纹，而且在汉代画像石《羿射九日》中刻画的栖息于扶桑神树上的也是三足金乌。

第六章

殷墟遗址：古老地埋的青铜文明

殷墟，位于中国历史文化名城——河南省安阳市的西北郊，横跨洹河南北两岸，古称"北蒙"，甲骨文卜辞中又称为"大邑商""邑商"，是中国商代晚期（公元前1300—前1046年）的都城所在地，也是中国历史上第一个有文献可考并为甲骨文和考古发掘所证实的古代都城遗址，距今已有3300年的历史。

公元前1066年，周武王姬发率领军队推翻商朝，商朝的都城殷（今安阳小屯）随之衰败。9年之后，周朝摄政王周公旦平定三监之乱，大量迁徙殷都居民。战乱和迁徙，终于导致这座拥有270年历史的都城成为一片废墟，后人因此称为"殷墟"。

1973年以前这里发掘的53座建筑基址，是殷墟宫殿宗庙区的主体和殷王都全盘规划、布局结构的重心所在，被考古学者划分为甲、乙、丙3组基址。甲组建筑基址共发现15座，是宫殿宗庙区内建设时间最早、使用时间最长的建筑，被认为是商王室的宫室、寝居之所。乙组建筑共发现21座，多数结构繁复，面积巨大，互相连属。这些建筑被认为是殷王室的宗庙建筑。丙组共发现17座，被认为是商王室的祭坛建筑。目前，在宫殿宗庙区已发现大型夯土建筑基址80余座。这些建筑基址形制阔大、气势恢宏、布局严整，按照中国古代宫殿建筑"前朝后寝、左祖右社"的格局，依次排列，分布在以宫殿区为中心的范围内。

1961年3月，殷墟被评为第一批国家重点文物保护单位。2001年3月，殷墟被评为"中国20世纪100项考古大发现"之首。2006年7月13日，殷墟因具有全球突出普遍价值和良好的管理与展示，在第30届世界遗产委员会会议上被列入《世界遗产名录》。

一、中国出土最大的青铜器——司母戊大方鼎

商代是中国青铜时代的第二个王朝，与世界上的其他文明古国相比较，殷墟的青铜文化有着鲜明的中国特色，以青铜礼器为基础，发展成为一套以等级为核心的礼制制度，在中国延续了数千年，这在世界青铜文明中是绝无仅有的，体现出独特的东方色彩。殷墟出土的青铜器种类繁多，器形厚重，纹饰繁缛复杂，铸造工艺高超，达到前所未有的水平，其中尤以王陵遗址出土的司母戊大方鼎最负盛名。大方鼎高达133厘米，器口长79.2厘米，重达875公斤，它是至今世界上发现的最大的青铜器，代表了中国古代青铜文化的最高水平，原件现藏于中国国家博物馆。此鼎造型庞大雄浑，纹饰精美细腻，通体以雷纹为底纹，饕餮纹、夔纹为主体装饰，给人以稳重、庄严而又神秘的感觉，是古代科技与艺术、雕塑与绘画的完美结合，是中国青铜器文化中的瑰宝，更是世界美术史上的璀璨明珠。

司母戊大方鼎

二、54号凹形基址——"四合院"的雏形

54号基址发现于20世纪80年代初。该基址濒临洹水西岸，整体呈凹字形，缺口向东，包括南、北、西3组基址。这些房基构成半封闭状的建筑群，面积达5000平方米，结构严谨，构思精巧，已具备中国"四合院"的雏形。该基址也是20世纪50年代以来宫殿宗庙区内发现的最重要的建筑基址。

三、中国最早的车马遗迹——殷墟车马坑

自 1928 年殷墟发掘以来，曾多次发现过商代车马坑。但由于受当时发掘技术的限制，都未能将坑中的木质车架清出。1953 年，在殷墟首次成功清理出商代车子的残迹，搞清了车子的大体结构及部分构件

殷墟王陵遗址商代车马坑

的尺寸。殷墟发现并清理的多座车马坑以及道路遗存，展示了我国古代道路交通的基本雏形，对研究商代社会的阶级、等级关系、亲族制度、埋葬习俗及工艺水平等，非常重要。

华夏幅员广袤，畜力车是古代先民陆上最重要的交通工具。殷墟考古发掘的殷代车马坑是华夏考古发现的畜力车最早的实物标本。由此证明，我国是世界上最早发明和使用车的文明古国之一。殷代车马坑不仅展示了上古畜力车制的文明程度，同时也反映了奴隶社会残酷的杀殉制度，它是最形象的历史教科书。

四、中国最早的文字——甲骨文

甲骨文，是中国目前已知最早的成系统的文字形式，是世界四大古文字之一。

1899 年秋，在清廷任国子监祭酒（相当于中央教育机构的最高长官）的王懿荣（1845—1900 年）得了疟疾，派人到宣武门外菜市口的同仁堂中药店买回一剂中药，王懿荣无意中看到其中的一味叫龙骨的药品上面刻画着一些符号。龙骨是古代脊椎动物的骨骼，在这种几十万年前的骨头上怎会有刻画的符号呢？这不禁引起了他的好奇。对古代金石文字素有研究的

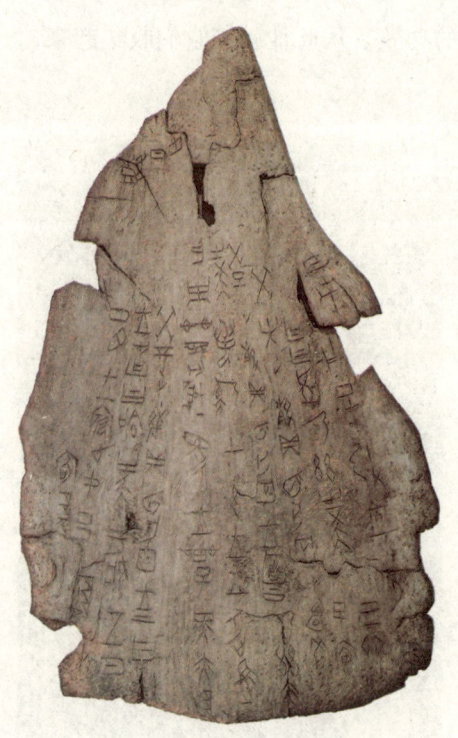

殷墟遗址甲骨文

殷墟遗址甲骨文

王懿荣便端详起来，觉得这不是一般的刻痕，很像古代文字。为了找到更多的龙骨作深入研究，他派人赶到同仁堂，以每片2两银子的高价，把药店所有刻有符号的龙骨全部买下，后来又通过古董商范维卿等人进行搜购，累计共收集了1500多片。

王懿荣对这批龙骨进行仔细研究分析后，认为它们并非什么"龙骨"，而是几千年前的龟甲和兽骨。他从甲骨上的刻画痕迹逐渐辨识出"雨""日""月""山""水"等字，后来又找出商代几位国王的名字。由此肯定这是刻画在兽骨上的古代文字，从此这些画有古代文字的甲骨在社会各界引起了轰动，文人学士和古董商人竞相搜求。

在甲骨文还未确认以前，河南省安阳市小屯村的农民在耕作时就不断在农田里挖刨出古代甲骨。据说把甲骨当成药材卖到中药铺的第一个人是一位叫李成的剃头师傅。一次李成害了一身脓疮，没钱去求医购药，就把这些甲骨碾成粉敷到脓疮上，想不到流出的脓水被骨粉给吸干了，而且他发现骨粉还有止血的功效。从此他就把它们收集起来，说成是龙骨，卖到了中药铺。

经过许多学者专家考证研究，这些所谓的龙骨其实是商代占卜用的工具。人们在占卜之前，先把龟甲和牛肩胛骨锯削整齐，然后在甲骨的背面钻出圆形的深窝和浅槽。占卜时，先把要问的事情向鬼神祷告述说清楚，接着用燃烧着的木枝，对深窝或槽侧烧灼，烧灼到一定程度，在甲骨的相应部位便显示出裂纹来。于是，占卜者根据裂纹的长短、粗细、曲直、隐显，来判断事情的吉凶、成败。占卜后，便用刀子把占卜的内容和结果刻在卜兆的近处，这就是卜辞。刻有卜辞的甲骨被当作档案资料妥善收藏在窖穴中，遂得以流传于后世。

殷墟遗址卜辞甲骨

殷墟遗址卜辞甲骨

甲骨文具备了象形、指事、会意、形声、转注、假借等造字方法，标志着文字已进入了成熟阶段。殷墟甲骨文是殷王朝占卜的记录，中国古代甲骨占卜有着悠久的历史，殷墟时期则是占卜最盛行的时期，商王和贵族几乎每事必卜，占卜成为商代社会生活的重要组成部分。甲骨的纳贡、收贮、整治、钻凿和占卜方法、程序以及卜辞的语法、辞例等已形成一套严格而有系统的制度。

据甲骨文记载，殷代已有专门掌管占卜和纪录的贞人，见于卜辞的贞人约有上百人。占卜涉及内容包括祭祀、天象、年成、征伐、王事等，甚至于商王游猎、疾病、做梦、生子等。商代以后，甲骨占卜逐渐失去了其显赫地位。殷墟甲骨文的发现，见证了已经消逝的商代占卜制度，为研究中国文化史提供了重要的材料。

目前殷墟发现有大约15万片甲骨、4500多个单字。从甲骨文已识别的约1500个单字来看，甲骨文已具备了现代汉字结构的基本形式，其书体虽然又经历了金文、篆书、隶书、楷书等书体的演变，但是以形、音、义为特征的文字和基本语法保留下来，成为今天世界上1/5的人口仍在使用的方块字，对中国人的思维方式、审美观产生了重要的影响，为中国书法艺术的产生与发展奠定了基础。甲骨文也因此成为世界四大古文字中唯一传承至今的文字。

五、妇好墓

妇好是商王武丁第一任王后，死后庙号"辛"，生活于公元前12世纪前半叶武丁重整商王朝时期，是我国最早的女政治家和军事家，中国历史上第一位有据可查的女英雄。

在现存于世的甲骨文献中，"妇好"的名字频频出现，仅在安阳殷墟YH127甲骨穴中出土的1万余片甲骨中，她的名字就出现过200多次。卜辞有"登妇好三千，登旅万乎伐羌"的记载，意思是说，商王武丁征发妇好所属3000军队和其他士兵1万人，前往征伐羌国。在出土文物中发现有两把"妇好"

妇好雕像

的铜钺，每把重达八九公斤，这在商朝是王权和军权的象征。

据殷墟出土的甲骨文卜辞记载，妇好曾多次主持各种类型和名目的祭祀活动，利用神权为商王朝统治服务。此外，妇好还多次受武丁派遣带兵打仗，北讨土方族，东南攻伐夷国，西南打败巴军，有一次，武丁亲征巴方，令妇好设伏兵，巴军中伏，为妇好所歼灭。为商王朝拓展疆土立下汗马功劳。武丁对她十分宠爱，授予她独立的封邑，并经常向鬼神祈祷她健康长寿。然而，妇好还是先于武丁辞世。武丁十分痛心，把她葬在今河南省安阳小屯村西北约100米处，即妇好墓。

妇好墓是1928年以来殷墟宫殿宗庙区内最重要的考古发现之一，也是殷墟科学发掘以来发现的唯一保存完整的商代王室成员墓葬。该墓南北长5.06米，东西宽4米，深7.5米。墓上建有被甲骨卜辞称为"母辛宗"的享堂。墓室有殉人16人，并出土了1928件精美的随葬品，其中青铜器468件、玉器755件、骨器564件、

殷墟遗址妇好墓

殷墟遗址妇好墓出土文物铜觚

殷墟遗址妇好墓出土文物司母辛铜觥

海贝 6800 枚。随葬品不仅数量巨大，种类丰富，而且造型新颖，工艺精湛，堪称国之瑰宝，充分反映了商代高度发达的手工业制造水平。根据该墓的地层关系及大部分青铜器上的"妇好"铭文，考古学者认定墓主人为商王武丁的王后妇好。妇好墓是目前唯一能与甲骨文联系并断定年代、墓主人及其身份的商王室成员墓葬。

六、YH127 甲骨窖穴

殷墟宫殿宗庙区还分布着大量的甲骨窖穴。自 19 世纪末甲骨文发现以来，这个区域共出土甲骨约 1.7 万片，震惊了世界。最著名的有 YH127 甲骨窖穴、小屯南地甲骨窖穴、花园庄东地 H3 甲骨窖穴。

殷墟甲骨文甲骨窖

YH127 甲骨窖穴发现于 1936 年，位于宫殿宗庙区中部偏西，共出土刻辞甲骨 1.7 万余片。这些甲骨的内容极为丰富，包括祭祀、田猎、农业、天文、军事等，涉及商代社会生活的方方面面，为甲骨文和商代历史研究提供了极其宝贵的资料，被称为中国古代最早的"档案库"。

七、乙二十仿殷大殿

乙二十仿殷大殿是在殷墟乙组基址上复原的其中一座，它东西长 51 米，由于东侧的 20 米的地下尚未发掘，所以只复原了西侧的 31 米，是宫殿宗庙区主要建筑之一。该建筑以黄土、木料作为主要建筑材料，坐落于厚实高大的夯土台基上，房基置柱础，房架用木柱支撑，墙用夯土版筑，屋顶覆以茅草，正如《周礼·考工记》中记载的"茅茨土阶、四阿重屋"式的建筑风格，造型庄严肃穆、质朴典雅，具有浓郁的中国宫殿建筑特色。整座建筑规模巨大、左右对称，反映出中国古代建筑特有的均衡感、秩序感和审美意趣，集中体现了殷商时

殷墟宫殿宗庙遗址沙盘模型

期宫殿的建设格局、建筑艺术、建筑方法、建筑技术，代表了中国古代早期宫殿建筑的先进水平。

八、乙七基址

殷墟时期以等级制度为核心的礼制突出表现在丧葬和祭祀制度中，在营造宫室宗庙等建筑时，要举行一系列非常血腥的祭祀仪式，借以除妖避邪，镇宅安居。殷墟发现的大量的人祭和人殉的遗迹，

殷墟王陵遗址商代墓葬

为商代晚期大规模的人祭、人殉现象提供了直接的证据。乙七基址就是一个典型代表。该基址为商代宗庙建筑遗址，规模宏大，推想其地面的建筑也一定十分雄伟。宗庙建筑一般要经过奠基、置础、安门、落成4个步骤。在乙七基址南面曾发现成行的密集小葬坑和车马坑遗迹，有北、中、南3组，仅在中组的80座祭祀坑中，就发现人牲390余人。由此看来，中国古代早期大量使用"人祭"与"人殉"的野蛮残酷的祭祀和殉葬方式，在殷墟时期达到了顶峰。

九、殷墟的历史价值

自 1899 年甲骨文发现和 1928 年殷墟科学发掘以来，殷墟发现的大量都城建筑遗址和以甲骨文、青铜器为代表的丰富的文化遗存，展现了中国商代晚期辉煌灿烂的青铜文明，奠定了殷墟作为中国古代第一

殷墟遗址出土文物青铜人面具头盔

个有文字可考的古代都城地位。1 个世纪以来，随着考古发掘的日益深入，殷墟的范围和内涵仍在不断地扩大，殷墟考古仍不断有惊世发现，1990 年的郭家庄、1991 年的花园庄东地甲骨窖穴、1999 年的洹北商城、2001 年的花园庄东地等一系列重要的考古发现，震惊中外学术界，从而更加证明殷墟的价值与潜力。根据目前殷墟发掘的情况和现有地域判断，殷墟范围内必然还有大量的文化遗存未被发现，这些遗存也会给人们带来新的知识和宝藏。殷墟的范围还会随着进一步的考古发掘和科学研究而得到扩展，而殷墟这一人类共同的文化遗产必将会得到进一步的保护。

十、殷墟博物馆

殷墟博物馆是一家较为专业、系统地展示商代文物的博物馆，该馆严格按照科学、环保、安全、符合遗址保护的标准进行规划设计，同时尽可能地与殷墟遗址景观相协调。从平面上看，博物馆酷似甲骨文的"洹"字，这是取殷墟依附洹河之意，象征洹水

殷墟遗址出土文物铜樽

殷墟遗址出土文物青铜器　　　　　殷墟遗址出土文物石牛

在孕育商文明中的重要作用。馆内展出的是中国社会科学院考古研究所自中华人民共和国成立以来在殷墟发掘出土的一系列文物精品，包括陶器、青铜器、玉器及甲骨文等国宝级文物共500多件，展品具有较高的学术水平。

知识小百科

三监之乱

周人取得了政权后，并没有完全消灭殷商国家，而是根据当时人们"灭国不绝祀"的原则，保留殷人的祭祀习俗。周武王让纣的儿子武庚仍继承殷王位，统率殷的余民，统治殷商故地。周武王又安排自己的弟弟管叔、蔡叔、霍叔率重兵驻守在殷都周围的邶、鄘、卫三国，就近监视，史称"三监"。周武王下令释放被纣王囚禁的百姓，放出贤臣箕子并恢复其原职，又散发供纣王淫乐奢侈之用的财物、粮食，赈济饥民和贫弱的百姓。通过采取这些措施，商地很快稳定下来。

周武王灭商居功至伟，但他在天下初定后的第二年便得病死去。太子诵继立，是为周成王。

周成王年幼，武王之弟周公旦摄行国政。周公依据周国原有制度，参酌殷礼，有所损益，制定出一套巩固封建统治的制度，就是后世儒家极力称颂和推崇的"周公之礼"或"周典"。周公因此被后世誉为像尧、舜一样的圣人。

周公当时已称王,在颁布的一些诰命中,皆有"王若曰"句。在武王的弟弟中,管叔最长,按照殷商以来兄终弟及的传统,武王死后他最有资格继承王位。如今周公却立年幼的成王,自己称王执政,这引起了武王诸弟的不满和猜忌。于是他们诋毁周公,一时朝野上下,流言四起。管、蔡遂与殷民联络。纣王的儿子武庚早有复国的野心,认为有机可乘,于是,他们相互勾结,又联合殷商旧地东夷的徐、奄、薄姑和熊、盈等方国,叛乱反周,局势十分危险。

管、蔡以及武庚与东夷地区的叛乱,严重地威胁了周王朝的安全。周公处在内外交困中。他首先向召公奭解释,寻求支持,随后采取果断措施,亲率大军东征。东征对巩固和奠定周王朝起了重要作用。经过3年的艰苦作战,周公镇压了"三监"之乱,制止了流言,杀管叔,放逐了蔡叔;诛杀了武庚,攻灭奄、徐等17国,俘获殷商贵族及大批殷商遗民。

周公为了彻底消弭殷商的残余势力,巩固周王朝在东方的统治,把殷商遗民通称为顽民或殷顽,迁到瀍水东岸修建洛邑(今河南洛阳东)就近统治;又在瀍水西岸筑王城(今洛阳市内)驻兵监视,作为朝会东方诸侯的东都。原来西边的渭河平原,以镐京为中心,是周人兴起的根据地,称为"宗周";东面的河洛地带,以王城为中心,是周王朝镇抚东方的重镇,称为"成周"。这里地处天下之中,是伊、洛、瀍、涧四水流经之地,土地平旷,沃野千里,东边又有伊阙之险隘,进可攻,退可守。这样,东西两京就连成了一片,西起周原,东至洛邑,即渭、泾、河、洛千里之域,皆为周的王畿之地。又以纣王庶兄微子继承殷朝,在宋建国,史称宋国,管理殷商之后。封武王的弟弟康叔于纣都,成立卫国，赐以殷民七族；封周公的儿子伯禽以奄国旧地，成立鲁国，赐以殷民六族。这样，殷商余民遂被分而治之，天下局势遂告太平。

周公功成身退，还政于成王。

成王、康王时期是西周王朝稳定发展时期，政治清明，人民安居乐业，"刑错四十年不用"，开创了被后世誉为盛世的"成康之治"。

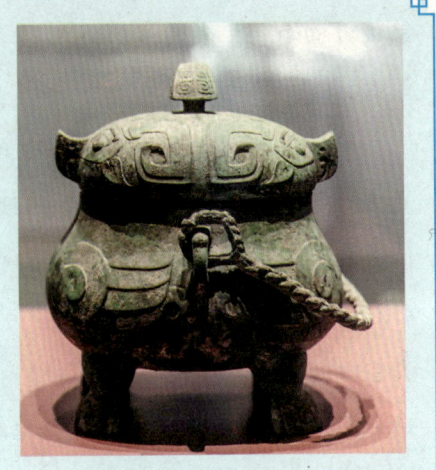

殷墟出土铜鸮卣

第七章

战国都城遗址：乱世中的文明奇葩

一、秦国雍城遗址

春秋至战国中期的秦国都城遗址在陕西省凤翔县南，雍水以北。秦国从秦德公元年（公元前677年）到秦献公二年（公元前383年）以此为都长达294年。献公迁都栎阳后，秦人的宗庙仍设在此处，秦王政加冕典礼也在此举行。西汉以后逐渐废弃。20世纪30年代，徐旭生、苏秉琦、石璋如等曾在凤翔进行过考古调查。20世纪50年代以后，陕西省考古研究所对雍城进行了多次勘察和发掘。1988年，中华人民共和国国务院公布秦国雍城遗址为全国重点文物保护单位。

1. 城址

雍城平面呈不规则的方形，东西长3300米（南垣），南北长3200米（西垣），总面积约10平方千米。暴露在地面上的部分城墙，现高1—7.9米，宽3—8.8米。北垣有近方形夯土台基1座，边长约60米，厚1—2.5米，可能是北垣上具有防御性质的一个高台建筑或门址。西垣中段发现城门一处，宽约10米。东、南城墙濒临纸坊河、雍水，以河为城壕。西垣外有人工开掘的宽12.6—25米、深5.20米的城壕。

2. 宫寝

城内的姚家岗、马家庄、铁沟3地发现大型密集的宫殿遗址，与《史记》所载的雍高寝、雍太寝、雍受寝相近。

马家庄宫殿区在城中部偏南，共发现建筑群遗址4处。1号建筑群占地约7000平方米，整个建筑群坐北朝南，四周有围墙。北部居中为祖庙，左侧为昭庙，右侧为穆庙。祖庙北边有一座亭台式建筑，南边是大门。中心空地即为"中庭"。发掘各类祭祀坑181座，有人坑、牛坑、羊坑和车坑，有的车辆上还嵌镶有黄金饰件。1号建筑群的总体部署，与史籍所载诸侯宗庙布局大体相同，应该是秦公祭享祖先的宗庙。3号建筑群在1号建筑西约500米处，面积为21849平方米。该建筑布局规整，四周有围墙。南北全长

326.5 米，北端宽 86 米，南端宽 59.5 米。由南至北可分为 5 座院落和 5 个门庭。据记载推测，这一遗址应是寝宫所在。这几座建筑均属春秋中晚期，由东向西依次排列，组成规模较大的宗庙宫殿区，可能是"雍高寝"所在地。

姚家岗宫殿区在城内中部偏西有一座宫殿遗址，东部已被破坏。宫殿的西北发现凌阴遗址。凌阴挖筑于一夯土台基中部，呈仰斗形。顶部东西长 10 米，南北宽 11.4 米。四壁呈斜坡状，底部东西长 6.4 米，南北宽 7.35 米，铺设砂质片岩一层。四周设回廊。西回廊正中有一通道，与白起河相连。姚家岗宫殿区可能是"雍太寝"所在地。

铁沟宫殿区在雍城北部，面积约 4 万平方米。断崖上暴露高约 1.4 米的夯土台基，出土战国早中期鹿纹、"奔兽逐雁"纹瓦当。据遗址年代推测，可能是秦的"雍受寝"。朝寝的北部有"市"的遗址。"市"呈长方形，筑墙于四周，每面开一门，南北宽 160 米，东西长 180 米，中为空地。城西南 16 千米出土"蕲年宫当"；城南郊出土棫阳宫、年宫瓦当；附近均发现有夯土建筑基址。推断当为秦汉时期蕲年宫和棫阳宫的所在地。

3. 陵墓

秦公陵在城西南 8 千米处。陵区东西长 7 千米，南北宽 3 千米。西、南、北侧均有宽 2—7 米、深 2—6 米的隍壕。陵区内已探出 44 座大墓。平面作中字形、甲字形、凸字形、刀把形、目字形和圆坑 6 种，组成 13 座陵园。隍壕可划分为 3 种类型：①双隍型。以双马蹄形内隍围绕中字形主墓，再以中隍环围主墓、附葬墓及车马坑。②单隍型。主墓两侧无内隍，仅以中隍环围主墓和车马坑。③组合型。几座陵园共用中隍或陵中套陵。经发掘的秦公 1 号大

秦公陵俯视图

墓平面呈"中"字形，重棺重椁，墓内填泥积炭，填土中有男女殉奴。平民墓葬区则在城南郊。

4. 出土文物

出土文物以陶器为主，建筑遗址周围有大量的板瓦、筒瓦、瓦当和砖。姚家岗宫殿区发现3窖64件铜质建筑构件，构件分为曲尺形、楔形、方筒形、片状、小拐头等10个类型。高王寺发现窖藏1处，出土战国铜鼎、镶嵌射宴壶、铜敦、盖豆等共12件文物。战国墓葬随葬的铜器多为明器。陶器种类也有新变化，出现了囷、茧形壶、鍪等。

1978年凤翔县成立雍城文物管理所，树立保护标志，建立资料档案，负责遗址的日常保护工作。

二、赵国邯郸故城遗址

邯郸之名初见于《春秋穀梁传》，卫献公弟姬专逃到晋国，"织绚邯郸，终身不言卫"。邯郸故城包括赵王城及大北城两部分。

战国时期赵国故城遗址位于河北省邯郸市区及其西南郊，总面积约1888万平方米。故城遗址，分东、西、北三城，平面呈"品"字形。城内地面上有布局严整的龙台、南北将台等夯土台，地下有面积宽广的夯土基址，显示了我国封建社会初期都市建筑的基本面貌。大北城发现了作坊、炼铁、陶窑遗址。汉代为赵王如意的都城。汉以后逐步衰废。宫城营建于公元前386年赵都迁邯郸前后，毁于秦朝末年。1940年日本人曾进行局部调查挖掘。1964—1965年，河北省文物工作队和邯郸市赵王城文物保管所对宫城进行了全面

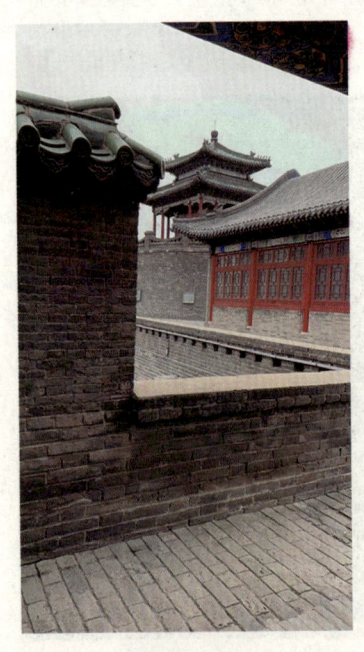

邯郸故城城墙

的调查与钻探。1970年以来对廓城进行调查钻探，同时配合工农业建设工程进行了局部的清理发掘工作。1961年中华人民共和国国务院公布为全国重点文物保护单位。

1. 宫城

习称赵王城，由西城、东城、北城组成，平面似"品"字形，位于今邯郸市西南4千米处，城内面积约505万平方米。

西城呈方形，每边长1390米。四周城墙均存，宽20—30米，最宽处达52米，残高3—8米，每面各有两门。城内地面保存夯土台5座，其中以中部偏南的"龙台"最大，台基边长264—296米，残高16米。龙台及以北的2号、3号夯土台基，构成南北中轴线，两侧地下残存夯筑基址多处。

东城与西城仅隔一墙，呈长方形，东西最宽926米，南北长1442米。四面城垣宽20—40米，残高2.8—6米，现存南1门、北2门。城内偏西现存夯土台3座，以"南将台""北将台"规模较大，附近尚有地下夯筑基址多处，组成东城南北中轴线上的建筑群。北城位于北侧，东西最宽处1410米，南北长1520米。地上城墙仅存西墙南段，城墙宽30米左右，残高2—7米。

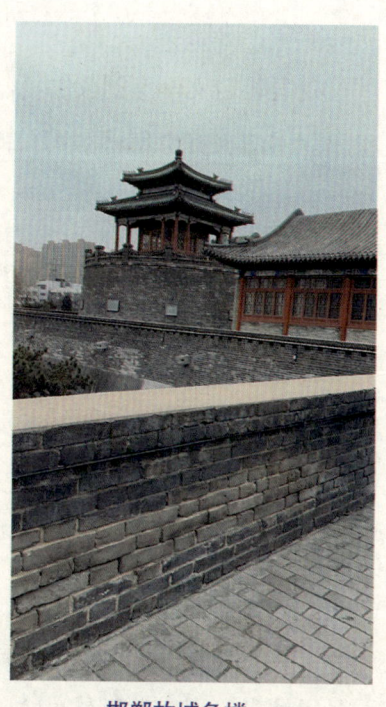

城墙构筑是先在原生土以上垫土夯实后，再筑墙。夯窝密集，直径4—6厘米。夯层厚6—8厘米。墙外侧下部壁面，收分约为11度，内侧为台阶式，每高2米左右内收1米，形成一层台阶，上铺筒、板瓦，现仅存下半部2层。墙上内侧每隔20米左右用陶制的排水槽构筑成斜坡式

邯郸故城角楼

排水道。

城内夯土台基底部多为方形，四面呈台阶状，有的台阶上保存有建筑基址，如"龙台"近顶部的一层，宽15—30米，台面较平整。2号台的中腰东西两侧各发现两列南北向的柱础石。在附件还发现面平而不规整的柱础石及瓦片等。

2. 廓城

位于宫城东北，呈长方形，东西最宽处3240米，南北长4880米。除西垣的"铸箭炉""梳妆楼""插箭岭""王郎城"等夯土墙，其余大部分城墙都在地表以下0.2—8米的深处。城墙宽20—30米，残存高度0.3—10米。夯土层明显对称，厚7—10厘米。廓城西北有一小城，平面略呈梯形，上宽290米，下宽400米，南北长约700米。北面和西面有高大的夯土台。台基的周围发现有大型础石和瓦片，互相连接为一组高大的建筑群。在今地面下4—9米深处，考古发现有炼铁、铸铜、烧陶、制骨和制石等作坊遗址和陶井遗迹。

我国著名文学家刘劭在《赵都赋》中写道，赵王城"百里周回，九衢交错，三门旁开，层楼疏阁，连栋结阶。峙华爵以表甍，若翔凤之将飞。正殿俨其造天，朱棂赫以舒光。盘虬螭之蜿蜒，承雄虹之飞梁"。由此可以想见当年赵王城的恢宏气势。

在曾经辉煌的岁月里，赵王城扮演了春秋战国历史上的重要角色，奠定了邯郸崛起成为秦汉时期中国五大都市的物质基础。赵王城里曾经上演过众多流传千古的故事：赵武灵王力排众议，大刀阔斧地进行胡服骑射的改革；文臣蔺相如不辱使命，完璧归赵；武将廉颇攻城野战，所向披靡……此外，毛遂自荐、联楚抗秦、围魏救赵、邯郸学步、将相和等历史典故也都发生在这里。

赵王城之东北，有大北城，为当时的商业、手工业作坊区和居民区，城址已湮没，现在尚有插箭岭、照眉池、梳妆楼、铸箭炉等遗迹。

3. 遗物

陶器多系泥质灰陶、火候高，质地硬，纹饰有绳纹、弦纹、云雷纹、米格纹，部分陶片有"邯亭"戳记。常见的有陶筒瓦、板瓦、瓦当、空心砖、排水槽、水管、豆、盆、罐和铁锛、货币、铜镞、石夯锤等。货币上铭文有"甘丹""明""白人""安阳"。1961年，国家建立赵王城文物保管所负责赵邯郸故城的保护工作。

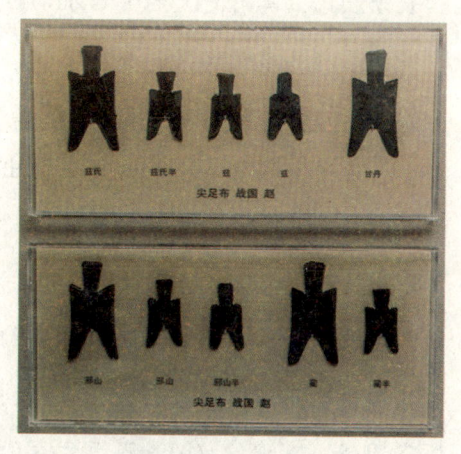

战国时期赵国钱币尖足布

知识小百科

赵武灵王是战国时赵国一位奋发有为的国君，他为了抵御北方胡人的侵略，实行了"胡服骑射"的军事改革。改革的中心内容是穿胡人的服装，学习胡人骑马射箭的作战方法。其服上褶下袴，有貂、蝉为饰的武冠，金钩为饰的具带，足上穿靴，便是骑射。为此，他力排众议，带头穿胡服，习骑马，练射箭，亲自训练士兵，使赵国军事力量日益强大，因而能西退胡人，北灭中山国，成为"战国七雄"之一。

赵武灵王即位的时候，赵国正处在国势衰落时期，就连中山那样的邻界小国也经常来侵扰。而赵国在和一些大国的战争中，也常吃败仗，大将被擒，城邑被占，眼看着就要被别国兼并。

赵国地处北边，经常与林胡、楼烦、东胡等北方游牧民族接触。赵武灵王看到胡人在军事服饰方面有一些特别的长处：如穿窄袖短袄，生活起居和狩猎作战都比较方便；作战时用骑兵、弓箭，与中原的兵车、长矛相比，具有更大的灵活机动性。于是，他对手下说："北方游牧民族的骑兵来如飞鸟，去如绝弦，是当今之快速反应部队，带着这样的部队驰骋疆场哪有不取胜的道理。"

为了富国强兵，赵武灵王提出"着胡服""习骑射"的主张，决心取胡人之长补中原之短。可是"胡服骑射"的命令还没有下达，就遭到许多皇亲国戚的反对。公子成等人以"易古之道，逆人之心"为由，拒绝接受变法。赵武灵王驳斥他们说："德才皆备的人做事都是根据实际情况而采取对策的，怎样有利于国家的昌盛就怎样去做。只要对富国强兵有利，何必拘泥于古人的旧法。"赵武灵王抱着以胡制胡、将西北少数民族纳入赵国版图的决心，冲破守旧势力的阻拦，毅然发布了"胡服骑射"的政令。赵武灵王号令全国着胡服，习骑射，并带头穿着胡服去会见群臣。胡服在赵国军队中装备齐全后，赵武灵王就开始训练将士，让他们学着胡人的样子，骑马射箭，转战疆场，并结合围猎活动进行实战演习。

胡服骑射雕像

公子成等人见赵武灵王动了真的，心里很不是滋味，于是散布谣言说："赵武灵王平素就看着我们不顺眼，这是故意做出来羞辱我们。"赵武灵王听到后，召集满朝文武大臣，当着他们的面用箭将门楼上的枕木射穿，并严厉地说："有谁胆敢再说阻挠变法的话，我的箭就穿过他的胸膛！"公子成等人面面相觑，从此再也不敢妄发议论了。

在赵武灵王的亲自教习下，国民的生产能力和军事能力大大提高，在与北方民族及中原诸侯的抗争中起了很大的作用。从实行"胡服骑射"

政令的第二年起，赵国的国力就逐渐强大起来。后来赵国不但打败了经常侵扰自己的中山国，还夺取了林胡、楼烦之地，向北方开辟了上千里的疆域，并设置云中、雁门、代郡行政区，管辖范围达到今河套地区。

赵武灵王"胡服骑射"是我国古代军事史上的一次大变革，被历代史学家传为佳话。特别是赵武灵王以敢为天下先的进取精神，力排众议，冲破守旧势力的阻挠，坚决实行向胡人学习，表现了作为古代社会改革家的魄力和胆识。赵武灵王不愧是一位值得后人纪念和效法的杰出历史人物。

三、燕下都遗址

燕下都建于前4世纪，约战国中期，为燕昭王时所建，距今已有2000多年的历史。《史记·燕世家》记载，周武王灭商纣以后，封召公于燕（今北京及河北中、北部）。

燕下都遗址

燕国的都城在"蓟"，称上都（在今北京一带）。到了战国时代，北方的燕国强盛起来，争霸中原，号称七雄之一。燕国为了应付南方各国，在今河北易县建立了一个军事重镇，称为"下都"。它介于北易水和中易水之间。西依太行山，南临易水，东部迤连于河北平原，地势险要，居高临下，便于防守。

燕下都故城呈长方形，东西长约8千米，南北宽4—6千米，总面积约40平方千米，中部有条纵贯南北的古河道，相传为运粮河。河东岸有一道与河道平行的城墙，把燕下都分成东西两城，东城平面近似方城，在中间偏北处，有一道东西向的隔墙把东城又分成南北两部分。

　　东城周长18.5千米，文化遗存十分丰富，是当时人们活动的中心，分为宫殿区、手工业作坊区、市民居住区和墓葬区。宫殿区在城址东北部，有3组建筑群组成。大型主体建筑武阳台，坐落在宫殿区中心，东西最长处140米，南北最宽处110米，在燕下都夯土建筑基址中，规模最为宏大。武阳台以北有望景台、张公台和老姆台，坐落在一条中轴线上。以高大的夯土台作为主体建筑物的基址，是战国中期城市建筑最明显的一个特点。在武阳台的东北、东南和西南，还有3组大型宫殿建筑群遗存。手工业作坊区围绕着宫殿区，墓葬区设在东城的西北部。西城区是为加强东城区的安全而设的防御性附城，城址内遗存较少。

　　燕下都于公元前311年起正式作为燕国都城，到燕昭王时达到鼎盛时期。从燕下都的地理形势和所处的地理位置看，它是燕上都通向齐、赵等国的咽喉要地，为燕国南部的政治、经济和军

燕下都出土文物

事重镇，延续时间很长。燕昭王在这里筑黄金台招纳贤者，使燕国很快强盛起来，大败齐国。

　　现在城内保存着大型主体建筑夯土台基"武阳台"，在它之北有"望景台""张公台""老姆台"等，显示出当年庞大的建筑体系和战国时代特有的建筑风格。周围分布着许多兵器、铸铁、制玉、烧陶遗址，表明当时燕都经济文化的繁盛。城周围筑有高大的版筑夯土城墙，全长40

多千米。西城西墙保存较为完整，现存3717米，高出地面最高处约6米。

城南丛葬墓群，是全国唯一的人头丛葬墓，并排着14座人头坑，每个坑清理出人头2000多个，上下叠压，千奇百怪。他们的四肢躯干在何处，他们是哪次战争的殉葬者成为千古之谜。1964—1978年对东城墓葬区的发掘，即出土文物3800多件。

燕下都齐侯四器齐侯鼎

在老姆台东出土的青铜立凤蟠龙纹铺首（宫门上的装饰品），高74.5厘米，重22公斤，上面刻有龙、凤、蛇等禽兽图案，为考古文物所罕见，由此也可推测宫殿规模之宏伟宽大。1965年，在武阳台附近发掘了一个丛葬坑，墓中出土文物1480件，其中铁制兵器，如剑、矛、戟以及铁盔、铁甲散片占绝大多数。经过对其中剑、矛、戟等7种9件兵器的分析，其中6件为纯铁或钢制品，3件为经过柔化处理或未经处理的生铁制品。这说明在战国晚期，我国就能制造高碳钢，并懂得了淬火技术。燕下都淬火钢剑的发现，比《汉书》记载的王褒上汉宣帝书中的"清火淬其锋"的时间早了两个世纪。

燕下都文物遗存十分丰富，从民国初年开始，出土文物10万余件。齐侯四器、铜龙等珍贵文物引起了国际轰动。中华人民共和国成立后出土的战国铜人和大铜铺首衔环被定为国宝。这些文物以其很高的历史、科学、艺术价值，填补了多项历史空白。

知识小百科

荆轲刺秦王

秦王嬴政一心想统一中原，不断向各国进攻。他拆散了燕国和赵国的联盟，使燕国丢了好几座城。燕国的太子丹原来留在秦国当人质，他见秦王嬴政决心兼并列国，又夺去了燕国的土地，就偷偷地逃回燕国。太子丹恨透了秦国，一心要替燕国报仇。但他既不操练兵马，也不联络诸侯共同抗秦，他把家产全拿出来，找寻能刺嬴政的人，只想把燕国的命运寄托在刺客身上。

后来，太子丹物色到一个很有本领的勇士，名叫荆轲。公元前230年，秦国灭了韩国；过了两年，秦国大将王翦占领了赵国都城邯郸，一直向北进军，逼近了燕国。太子丹十分焦急，就去找荆轲。要他去刺杀秦王。荆轲说："行是行，但要挨近秦王身边，必定得先叫他相信我们是向他求和去的。听说秦王早想得到燕国最肥沃的土地督亢（在今河北涿县一带）。还有秦国将军樊於期，现在流亡在燕国，秦王正在悬赏通缉他。我要是能拿着樊将军的头和督亢的地图去献给秦王，他一定会接见我。这样，我就可以对付他了。"

荆轲知道太子丹心里不忍，就私下去找樊於期说："我有一个主意，能帮助燕国解除祸患，还能替将军报仇，可就是说不出口。"樊於期连忙说："什么主意，你快说啊！"荆轲说："我决定去行刺，怕的就是见不到秦王的面。现在秦王正在悬赏通缉你，如果我能够带着你的头颅去献给他，他准能接见我。"樊於期说："好，你就拿去吧！"说着拔出宝剑，自杀了。

太子丹事前准备了一把锋利的匕首，叫工匠用毒药煮炼过。只要被这把匕首刺出一滴血，就会立刻气绝身亡。他把这把匕首交给荆轲，作为行刺的武器，又指派一个12岁时便杀过人的勇士秦武阳，做荆轲的副手。

公元前227年，荆轲从燕国出发到咸阳。太子丹和少数宾客穿上白衣白帽，到易水（今河北易县）边送别。临行的时候，荆轲唱道："风萧萧兮易水寒，壮士一去兮不复还。"然后跳上车，头也不回地走了。

秦王嬴政一听燕国派使者把樊於期的头颅和督亢的地图都送来了，十分高兴，就立刻穿上上朝的衣服，在咸阳宫接见荆轲。朝见的仪式开始了。荆轲捧着装了樊於期头颅的盒子，秦武阳捧着督亢的地图，一步步走上秦国朝堂的台阶。秦武阳一见秦国朝堂威严的样子，不由得害怕得发起抖来。嬴政左右的侍卫一见，吆喝了一声，说："使者干吗变了脸色？"荆轲回头一瞧，果然见秦武阳的脸又青又白，就赔笑对嬴政说："粗野的人，从来没见过大王的威严，免不了有点害怕，请大王原谅。"嬴政有点怀疑，对荆轲说："叫秦武阳把地图给你，你一个人上来吧。"荆轲从秦武阳手里接过地图，捧着木匣上去，献给嬴政。嬴政打开木匣，果然是樊於期的头颅。嬴政又叫荆轲拿地图来。荆轲将地图慢慢打开，到地图全都打开时，荆轲预先卷在地图里的匕首就露出来了。嬴政一见，惊得跳了起来。荆轲连忙抓起匕首，左手拉住秦王政的袖子，右手将匕首向嬴政胸口直扎过去。嬴政使劲地向后一转身，把那只袖子挣断了。荆轲拿着匕首追了上来，嬴政一见跑不了，就绕着朝堂上的大铜柱子跑，荆轲紧紧地逼着。两个人像走马灯似的直转悠。旁边虽然有许多官员，但是都手无寸铁；台阶下的武士，按秦国的规矩，没有秦王命令是不准上殿的。大家都急得六神无主，也没有人召台下的武士。官员中有个伺候嬴政的医生，叫夏无且，急中生智，拿起手里的药袋对准荆轲扔了过去。荆轲用手一扬，那只药袋就飞到一边去了。就在这一眨眼的工夫，嬴政往前一步，拔出宝剑，砍断了荆轲的左腿。荆轲站立不住，倒在地上。他拿匕首掷向嬴政。嬴政只一闪，那把匕首就从他耳边飞过去，打在铜柱子上，"嘣"的一声，直迸火星儿。嬴政见荆轲手里没有武器，又上前向荆轲砍了几剑。荆轲身上受了八处剑伤，自己知道已经失败，苦笑着说："我没有早下手，本来是想先逼你退还燕国的土地。"这时候，武士已经一起赶上殿来，结果了荆轲的性命。

四、临淄齐国故城遗址

　　临淄是春秋战国时期齐国的都城，是列国中最为繁华的都市之一，也是当时东方重要的政治、经济、文化中心。根据《史记·齐太公世家》的记载，公元前859年齐国第七世国君齐献公开始以临淄为都城，到公元前221年秦灭齐止，先后作为姜齐和田齐的国都长达630余年。齐都在战国时非常繁华，纵横家苏秦曾描述说："临淄之中七万户……临淄之途，车毂击，人肩摩，连衽成帷，举袂成幕，挥汗成雨。"当时诸子百家争鸣，齐国人才辈出，"稷下学士"因聚集于都城的稷门而得名。汉代的时候，这里仍辟为齐国的都城。

齐故城考古遗迹复原场景

临淄齐国故城是西周至战国齐国的都城遗址,在山东省淄博市临淄区齐都镇(旧临淄县城)的西北面,东临淄河,西依古系水,总面积达20余平方千米,由大小两城组成。1964年以后,山东省文物管理处同北京大学考古专业联合对遗址进行了全面的调查发掘。

临淄齐国故城大城周长14千米,城基宽30米左右,至今地面尚保存有城垣的遗迹。城内道路纵横,将大城分切成10多个棋盘式的区域。人工挖掘的排水沟、护城壕与天然河流有机相连,构成了一个完善的用水、排水和城市防御系统。城的南边是官署的所在地,东北角以及西部是冶铜、冶铁、制骨、烧陶等手工业作坊区,其间还分布有商业区。

在大城内还发现了大型的贵族墓区,共20多座,在其中一座齐国国君的石椁大墓四周,发掘出一处殉马坑,全长210米,宽5米,坑内殉马600余匹,分两行排列,都是侧卧昂首,场面宏大,威武壮观,反映了号称"千乘之国"的齐国强盛的实力。

小城是宫城,位于大城的西南角,平面呈长方形,东西长1.4千米,

第七章 战国都城遗址:乱世中的文明奇葩 / 105

临淄齐国故城遗址区

南北长 2.2 千米。城的北部是宫殿区，现在尚存有高 14 米、直径 86 米的夯土台基，今称"桓公台"，是全城的制高点，传说是齐桓公在春秋时期称霸天下时会见诸侯和检阅兵马的地方。西部是苑囿区，这里曾修建了大规模的离宫别馆，建筑华丽，景色优美。

现在在故城遗址区还建立了博物馆，馆内展出历年在遗址出土的文物数百件。

知识小百科

媲美秦始皇陵兵马俑的殉马坑

山东临淄是古代齐国的首都，在这块土地上，数千年来发生了无数的历史传奇，也存留下了无数的古文化遗址。东周墓殉马坑就是和西安的秦始皇陵兵马俑相媲美的一大名胜古迹。

东周墓殉马坑坐落在齐国故城的东北部、淄河西岸的河崖头村。这一带是一处春秋时期的齐国君主和大贵族的墓地。现已发现大、中型墓20余座，其中5号墓周围发现了大规模的殉马。

墓室早年被盗，随葬品荡然无存，唯有大量殉马保留完好。殉马坑围绕在墓室的东、西、北三面，东、西各长70米，北面长75米，自然衔接，成为一体。殉马坑里的殉马从西面南端开始，由南往北，从西而东，按顺时针方向分两行排列，昂首侧卧，四足蜷曲，井然有序，呈临战前的姿态，好像只要听到战鼓擂动，就会四蹄腾空，投入战斗，十分壮观。

殉马坑是1964年发现的，1982年考古人员清理出西面南端的36.5米，建起展厅，展出殉马106匹。根据几次发掘清理的结果推算，殉马排列密度平均每米/2.7—2.8匹，全部殉马当在600匹以上，数量之多，规模之大，举世罕见。

春秋时期讲的是马上千秋，车马的多少，是国力强弱的主要标志。"千乘之国"就有威加四海的雄风。这600多匹马可装备150多辆战车，相当于一个小诸国的全部军力。由此可见，作为春秋五霸之首的齐国当时经济的发达、国力的强盛。

据考证，墓的主人是齐景公。景公名杵臼，是齐国的第25代国君。齐景公在晏婴的辅佐之下，政权稳定，与邻国关系融洽。《论语·季氏》篇中记载："齐景公有马千驷……"另据《史记·齐太公世家》记载，景公后期"好治宫室，聚狗马，奢侈"。他爱马已到痴迷程度，宫中有专人给他养马，他的爱马死了还要养马的人为它殉葬。庞大的殉马葬式，看出齐景公的奢侈豪华，反映了齐国国力的强盛，同时也为研究春秋时期齐国的历史特别是齐国当时的经济、军事和殉葬制度等方面，提供了极为珍贵的实物资料。

经鉴定，殉马坑的马都是六七岁口的青壮年马，是人工处死之后，按照一定的葬式排列而成的。那么，如此数量的殉马是怎样在短时间内捕杀掩埋的呢？考古发现，每匹马的头部，都有钝器击伤的痕迹。由此得知，这些马都是被击昏以后，处于昏迷状态，任人摆布，然后掩埋的。

当沉睡了2400多年的殉马展现在人们面前，很自然会联想到秦始皇的兵马俑。当然，从规模上来说，殉马坑还是要小一些，但是我们知道，秦始皇殉葬的是一些兵马陶俑，齐景公殉葬的却是真马，而且齐景公的殉马要比秦始皇兵马俑早了280多年。难怪有人参观了这两处胜迹后总结说："秦皇兵俑数千，自以雄风第一夸天下；齐侯殉马六百，人称举世无双表古今。"

东周殉马坑是中国三大殉马胜迹之一，而齐景公是以其真马之殉，具有西安陶马、徐州铜马所不备的独特价值，引起了国内外各界人士的极大关注。绘画大师刘海粟看后写了"殉马奇迹天下无"的赞语；国际友人澳大利亚前总统基希莱格博士看后，当场写下了赞颂的美句："这是一个给人以深刻印象的，真正独一无二的历史遗址。"世界各国的友人也慕名而来，无不为之惊叹不已。

东周墓殉马坑复原浮雕

"抖擞一春尘土债,悲凉万古英雄迹。"当年这600多匹战马,驰骋疆场,为主人立下赫赫战功;主人死后,这些马就要为其殉葬,不能不说是一种悲剧。当滚滚车轮从沉沉的历史中走来时,我们拂去它们身上的尘土,还原历史的真实。

第八章

秦遗址：大秦帝国的遗恨

一、秦咸阳城遗址

秦咸阳城是战国时期秦国的都城,也是秦统一六国、建立秦王朝后的都城,地处于陕西省咸阳市以东约 15 千米处。秦国历史上共有五次迁都,秦孝公十二年(公元前 350 年)由栎阳迁都于此,《三秦记》云:"咸阳,秦所都,在九嵕山南,渭水北,山水俱阳,故名咸阳。"1959 年,陕西省考古研究所和陕西省文物管理委员会联合对咸阳城遗址进行了考古调查和发掘,1974—1975 年发现了咸阳宫遗址。

1. 繁华的帝国古都

公元前 350 年,秦孝公迁都咸阳,商鞅首先在城内营筑冀阙,以后历代秦王又增建了许多宫殿。秦始皇统一全国的过程中,吸收了关东六国的宫殿建筑模式,在咸阳塬上仿建了六国的宫室,扩建了皇宫。滔滔的渭水穿流于宫殿群之间,就像是银河亘空,十分壮观。整个咸阳城"离宫别馆,亭台楼阁,连绵复压三百余里,隔离天日",各宫之间又以复道、甬道相连接,形成当时最繁华的大都市。

作为古代中国第一帝都的咸阳,秦国在此建都达 144 年,并以此为基地,励精图治,富国强兵,最终吞并六国,统一天下,建立了中国第一个封建君主专制政权大秦王朝。秦咸阳都城是当时东方世界的政治、经济、文化中心。从史料记载和考古发掘可以看出,秦咸阳都

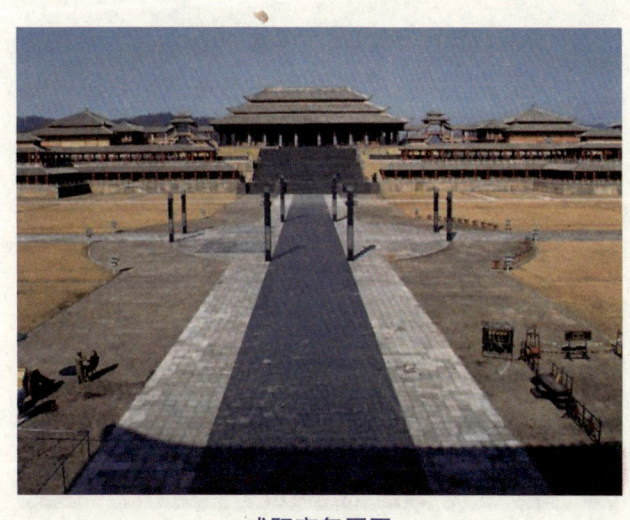

咸阳宫复原图

城之恢宏气势，宫殿之富丽堂皇，所以在2000多年前就已经成为闻名于世的国际大都市。

秦国在雄才大略的秦始皇统治下，先后消灭了其余六国，实现了中国历史上的大一统。据《史记》记载："秦每破诸侯，写放其宫室，作之咸阳北阪上，南临渭，自雍门以东至泾、渭，殿屋复道周阁相属。所得诸侯美人钟鼓，以充入之。"该史料大意为每当秦灭掉一个国家后，就会把该国的美人娇娃们充实到当时的咸阳宫来，25年来，充入咸阳宫的美女、钟鼓等不计其数。但是，这也装不满咸阳宫，据《史记》载，秦统一全国分天下为三十六郡后，还是感觉咸阳人口不繁、太过空虚，所以"徙天下豪富于咸阳十二万户"。

2. 咸阳帝都布局

1959年以来，陕西省考古研究所、文管会对咸阳故城进行了长期的考古调查和发掘。探明秦咸阳中心位置在今窑店镇一带，城区范围未见明显界限，大致为北起窑店镇以北二道原下，南至渭河以南西安市三桥镇巨家庄，西起塔儿坡，东到柏家嘴。在这渭水两岸几十平方千米内分布着极为丰富的文化遗存。

1959—1961年，陕西省考古研究所渭水考古队在咸阳市窑店乡牛羊村附近发现了秦咸阳宫殿遗址。1973—1982年，对位于宫墙之内的1号遗址西半部和2号、3号遗址进行了发掘，发掘总面积15168平

发掘现场

方米。

　　1号宫殿遗址为一处高台建筑，其外观形如土冢，东西长60米，南北宽45米。台基夯筑，台下南、西、北三面建有回廊，现存基址南为50.35米，西为28.1米，北为37.2米，其中部有六步五级踏步两处，由长方空心砖铺成。廊的外沿用方砖镶边的卵石散水铺砌。高出地面0.96米处，有屋舍7间，南5北2。北2室宽16.2米，进深5.05米。南部东第一室宽6.8米，内有取暖用的炭炉，上部盖有木板的大排水地漏，似为浴室。东第二室内墙北部绘白底黑色的菱形装饰图案和其他壁墙。在台基地平上4.9米处，是这遗址的主殿，平面近方形，东西长13.4米，南北宽12米，面积约160.8平方米。地面涂朱红色，中间有一直径60厘米的"都柱"。东有一门，南北各有两门。在1号宫殿遗址的台基上下，分别有7个窖穴，用以储藏。另有4处排水池与下水管道相接。

　　3号宫殿遗址在1号宫殿遗址西南角上，其间有夯土互相连接。也是一处高台建筑。遗址中间高，西边低，呈鱼脊形。其东西长约117米，南北宽约60余米，总面积约7020平方米。发掘时清理出过廊、回廊两道、屋宇两室。过廊留存高0.2—1.08米的残墙，东西两壁饰壁画，壁画总长32.4米，有建筑、车马、人物、游猎、鸟兽、植物、鬼怪等十分丰富的内容，

秦咸阳宫1号遗址复原图

色彩有红、黑、紫红、石黄、石青、石绿等。车马图每组为四马一车，马有枣红色、黄色和黑色，其系驾方式与秦始皇陵兵马俑坑出土的车马相似。秦咸阳3号宫殿遗址中出土的壁画，是迄今仅见的秦代绘画原作，也是现已发现的最早的宫廷壁画。在中国古代美术史研究中具有重大的价值。

2号宫殿遗址在1号宫殿遗址西北93米处，东西长127米，南北宽32.8—45.5米不等，房屋依台基分为两层。室内发现封闭式排水池和蓄水窖，出土较完整的龙纹、动物纹、四叶纹空心砖多件。此外，还出土瓦当、带钩、半两钱和大量壁画残片等遗物。

1号宫殿遗址东3.5千米处的柏家嘴是兰池宫遗址。《史记·秦始皇本纪》云："始皇微行咸阳……逢盗兰池。"这里有多处夯土层，出土有"兰池宫当"和云纹瓦当、龙凤纹、素面空心砖以及方砖、板瓦、筒瓦等文物。

在今窑店镇北，即《史记·秦始皇本纪》中所述秦国"每破诸侯，写放其宫室"的"咸阳北阪"一带，也有重要的文物发现，如毛王沟附近宫殿基址出土楚国瓦当，怡魏村出土齐国瓦当，柏家嘴出土燕国瓦当，这都为确定六国宫室的具体位置，进一步进行考古研究提供了极为有用的线索。

秦咸阳的手工业作坊遗址发现6处，包括冶铜、铸铁、制砖瓦、制陶、制骨器等。这些作坊，除一处设在兰池宫附近，其余散布于宫殿遗址的西部。

20世纪60年代初和80年代初，先后在长陵车站附近发现了3处窖藏，北沙坑中出土

咸阳宫遗址博物馆

熔烧变形的铜器和铁器有1000余斤，其中有完整的秦始皇诏版1件。南沙坑出土铜器280多件，有生活用具、钱币、兵器和车马器，还有坑中的3件铜诏版残。西南沙坑出土的320余件铜器大多残损，其中铜人头像1尊，制作颇工，另有秦二世诏版1件。

在1号遗址的西南方，还有一处结构十分复杂的宫殿遗址。已发掘出的阁道长32.4米，宽5米，两侧满饰彩色的壁画，壁画内容是秦王浩浩荡荡的车马出行图，涵盖车马、人物、花木、建筑等题材。古代的宫廷壁画因为大都毁坏不存，所以这些保存下来的秦代的宫室壁画具有很高的价值，在中国建筑史和美术史上占有重要的地位。

咸阳城的考古发掘工作从50年代一直进行至今，随着工作的深入，将会有更多、更丰富的文物考古新发现展现在人们面前。

二、阿房宫：天下第一宫

阿房宫是秦王朝的巨大宫殿，遗址在今西安西郊15千米的阿房村一带，始建于公元前212年。为全国重点文物保护单位。

秦始皇统一全国后，国力日益强盛，国都咸阳人数增多。始皇三十五年（公元前212年），在渭河以南的上林苑中开始营造朝宫，即阿房宫。由于工程浩大，始皇在位时只建成一座前殿。据《史记·秦始皇本纪》记

载："前殿阿房东西五百步，南北五十丈，上可以坐万人，下可以建五丈旗，周驰为阁道，自殿下直抵南山，表南山之巅以为阙，为复道，自阿房渡渭，属之咸阳。"其规模之大，劳民伤财之巨，可以想象。秦始皇死后，秦二世胡亥继续修建。唐代诗人杜牧的《阿房宫赋》写道："覆压三百余里，隔离天日。骊山北构而西折，直走咸阳。二川溶溶，流入宫墙。五步一楼，十步一阁；廊腰缦回，檐牙高啄；各抱地势，钩心斗角。"可见阿房宫确为当时非常宏大的建筑群。

1. 阿房宫名字之谜

阿房原来只是朝宫前殿的名字，秦始皇本打算在整座朝宫建成之后"更择令名名之"。由于宫殿规模实在太大，虽然每天都有十几万苦役参加营建工作，但一直到秦朝灭亡时，此宫仍然没有竣工。所以，人们只好它称为阿房宫。这座宫殿为何取名叫"阿房"？历代记载分歧，说法不一，主要有以下几种观点。

第一种观点认为"阿房"一名是由于宫址靠近咸阳而得名的。"阿，近也，以其去咸阳近，且号阿房。"

第二种观点认为阿房一名是根据此宫"四阿旁广"的形状来命名的。阿，在古意中亦可解释为曲处、曲隅、庭之曲等。阿房宫"盘结旋绕、廊腰缦回、屈曲簇拥"的建筑结构就体现了这种"四阿旁广"的风格和特点。正是由于阿房宫建筑的这种风格，在《史记·秦始皇本纪》索引中解释此宫为何称阿房宫时说："此以其形命宫也，言其宫四阿旁广也。"

第三种观点则认为此宫所以被称为阿房宫，是因为上宫宫殿高峻，若于阿上为房。这一观点出自《汉书·贾山传》，传中的注释曰："阿者，大陵也，取名阿房，是言其高若干阿上为房。"这就是说，阿房宫是由于宫殿建筑在大陵上而取名。从考古发掘来看，这种说法也是言之有理的。西安市郊约15千米的阿房村一带是古阿房宫的遗址所在地，从发掘的遗址可以看出，当年的阿房宫坐落在地势高峻的丘陵上，这里至今还残存着宫殿的高大地基。在阿房村村南附近，有一个宫殿遗留的大土台基，周长约31米，高约20米；据考证，在村西南还有一个阿房宫前殿遗址的高大夯土台基，东西长约1200米，南北长500—600米，最高处约有8米。阿房宫就建在这些高峻的台基之上，恰如《汉书》所言"高若干阿上为房"。

第四种观点认为，《长安志》解释为"阿"是因宫殿与山相邻，未有名，先称在阿房。这种说法出自《史记》中，阿房未成，宫成就会命名的说法。

还有一种民间传说，传说秦王嬴政爱上一个美丽的民间女子，芳名阿房，但这段美丽的爱情终究没有换来美丽的结局，为了纪念这位他深爱过的女子，因而为她盖了一座宫殿并起名阿房宫。

由此可见，以上几种观点都是论有所据，言之成理，并又都能自圆其说。因此在没有发现更新的确实有说服力的材料前，很难断定孰是孰非。所以，对于这座千古留名的著名宫殿当时究竟为何取名阿房，阿房的真正含义只能说仍是个没有定论的历史之谜。

2. 被讹传焚烧的阿房宫

以前一般认为楚霸王项羽率领军队入关以后，移恨于物，将阿房宫及所有附属建筑纵火焚烧，化为灰烬。但《史记·项羽本纪》中只是说"烧秦宫室，火三月不灭"，未提及阿房宫。考古发现所谓"项羽火烧阿房宫"是历史误传，当代对阿房宫遗址进行的考古挖掘中考古人员也未发现焚烧的痕迹。考古人员花费许多时间勘查阿房宫，勘查超过20万平方米，只发现数片烧过的土块。如果依照史料所载，阿房宫应该是遍地大量的草木灰才对。所以，考古人员推断项羽焚烧的是秦咸阳宫，因为咸阳宫遗址发现大片烧过的遗迹。

公元前356年，秦孝公任用商鞅进行变法，国富力强后，自栎阳迁都至距现咸阳市东北10千米的古都咸阳。秦始皇灭六国后，将天下12万户富豪迁到此地，设立帝都，秦始皇一再扩大都城规模。

秦始皇三十五年（公元前212年），秦始皇又下令征发刑徒70余万人伐运四川、湖北等地的木材，开凿北山的石料，在故周都城丰、镐之间渭河以南的皇家园林上林苑中，仿集天下的建筑之精英灵秀，营造一座新朝宫。这座朝宫便是阿房宫。秦始皇还把渭水引入都内，象征天河，以皇宫标示北极星，告知世人咸阳是帝都，宫殿是天子的住所不可动摇，把整个都城建成一个宇宙图式。不仅如此，秦始皇死后把自己的皇陵选择建在渭河平原东北的临潼，南依骊山、北跨渭河，形成气度不凡的皇家气派。

有人说，秦始皇依靠龙脉，附之以阿房宫等宫殿的宏伟设计被项羽一把火烧了个精光，这是真的吗？

项羽（公元前232—前202年），姓项名籍，字羽，古代中国著名将领及政治人物，秦下相（今江苏省宿迁市宿城区）人，秦末时被楚怀王封为鲁公，在公元前207年的决定性战役巨鹿之战中统率楚军大破秦军，之后"引兵西屠咸阳，杀秦降王子婴；烧秦宫室，火三月不灭"。唐朝诗人杜牧在《阿房宫赋》中更是以浓墨重彩地描写了阿房宫后无限感慨道："楚人一炬，可怜焦土。"为了寻找项羽火烧秦宫的证据，2002年，考古学家来到今陕西省西安西郊三桥镇以南、东起巨家庄、西至古城村的阿房宫遗址上，开始了探索。虽然采用多种先进的设备和方法，但是，结果出乎人们的意料：没有发现阿房宫被火烧的痕迹。会不会因为过去了2000多年，无数次风霜雨雪的侵袭已经把大火留下的痕迹抹去了呢？为了进行比较，阿房宫考古队来到了汉代长乐宫的遗址，东汉末年，长乐宫也和汉代其他宫殿一样，逃不过被焚毁的命运，2000多年过去了，这里被火烧过的痕迹却仍然历历在目。

那么，是不是项羽的军队入关以后，移恨于物，将阿房宫及所有附属建筑纵火焚烧，化为灰烬的说法不实呢？考古学家发现，人们通常所说的阿房宫遗址实际上是阿房宫的前殿遗址，阿房宫前殿遗址夯土台基东西1270米、南北426米，台基上面西、北、东三面已有夯筑土墙，墙顶部有瓦的铺设；夯土台基上没有建筑南墙。三面墙里面没有发现秦代文化层和秦代宫殿建筑遗迹。从路土分布的情况来看，人们是把夯筑台基用土从南面运到北面，再从北面开始往南逐渐夯筑台基。就此，专家大胆推测，阿房宫的所有工程只有前殿建成了台基，其他工程尚未动工，阿房宫没有建成，也没有像史书记载那样被项羽放火焚烧。《史记》中的另一条记载也从侧面证明阿房宫并未建成："四月，秦二世还至咸阳，曰：'先帝为咸阳朝廷小，故营阿房宫。为室堂未就，会上崩，罢其作者，复土骊山。骊山事大毕，今释阿房宫弗就，则是章先帝举事过也。'复作阿房宫。"但是，这年七月陈涉、吴广就起义了。前后就这么短的时间，显然建不成阿房宫。

既然阿房宫连前殿都没有建成，前殿夯土台基上面没有宫殿建筑，项羽也就没有必要渡过渭河来放火烧一个没有宫殿建筑的夯土台子，所以传说认为项羽烧了阿房宫是错误的。

《史记·秦始皇本纪》载："项籍为从长，杀子婴及秦诸公子宗族。遂屠咸阳，烧其宫室，虏其子女，收其珍宝货财，诸侯共分之。"项羽是对咸阳采取了烧、杀、抢掠的政策，然而这里并没有明确提到火烧阿房宫。《史记·项羽本纪》载："烧秦宫室，火三月不灭。"也只字未提火烧阿房宫，火烧的很可能是秦朝的其他宫殿。

项羽虽然没有烧阿房宫，但他火烧秦始皇依据龙脉所建的咸阳城其他宫殿却是不争的事实。

知识小百科

阿房宫

《阿房宫赋》

六王毕，四海一。蜀山兀，阿房出。覆压三百余里，隔离天日。骊山北构而西折，直走咸阳。二川溶溶，流入宫墙。五步一楼，十步一阁；廊腰缦回，檐牙高啄；各抱地势，钩心斗角。盘盘焉，囷囷焉，蜂房水涡，矗不知其几千万落。长桥卧波，未云何龙？复道行空，不霁何虹？高低冥迷，不知西东。歌台暖响，春光融融；舞殿冷袖，风雨凄凄。一日之内，一宫之间，而气候不齐。

妃嫔媵嫱，王子皇孙，辞楼下殿，辇来于秦。朝歌夜弦，为秦宫人。明星荧荧，开妆镜也；绿云扰扰，梳晓鬟也；渭流涨腻，弃脂水也；烟斜雾横，焚椒兰也。雷霆乍惊，宫车过也；辘辘远听，杳不知其所之也。一肌一容，尽态极妍，缦立远视，而望幸焉；有不见者三十六年。

燕、赵之收藏，韩、魏之经营，齐、楚之精英，几世几年，剽掠其人，倚叠如山；一旦不能有，输来其间。鼎铛玉石，金块珠砾，弃掷逦迤，秦人视之，亦不甚惜。嗟乎！一人之心，千万人之心也。秦爱纷奢，人亦念其家。奈何取之尽锱铢，用之如泥沙？使负栋之柱，多于南亩

之农夫；架梁之椽，多于机上之工女；钉头磷磷，多于在庾之粟粒；瓦缝参差，多于周身之帛缕；直栏横槛，多于九土之城郭；管弦呕哑，多于市人之言语。使天下之人，不敢言而敢怒。独夫之心，日益骄固。戍卒叫，函谷举，楚人一炬，可怜焦土。

呜呼！灭六国者六国也，非秦也；族秦者秦也，非天下也。嗟夫！使六国各爱其人，则足以拒秦；使秦复爱六国之人，则递三世可至万世而为君，谁得而族灭也？秦人不暇自哀，而后人哀之；后人哀之而不鉴之，亦使后人而复哀后人也。

阿房宫究竟有多大？西汉史学家司马迁在他的《史记·始皇本纪》中说："阿房宫前殿，东西五百步，南北五十丈，殿中可以坐一万人，殿下可以树起五丈高的大旗。四周为阁道，自殿下直抵南山。在南山的峰巅建宫阙，又修复道，自阿房宫渡过渭水直达咸阳。"秦代一步合六尺，三百步为一里，秦尺约0.23米。如此算来，阿房宫的前殿东西宽690米，南北深115米，占地面积8万平方米，容纳万人自然绰绰有余了。相传阿房宫大小殿堂700余所，一天之中，各殿的气候都不尽相同。宫中珍宝堆积如山，美女成千上万，秦始皇一生巡回各宫室，一天住一处，至死时也未把宫室住遍。《汉书·贾山传》记载阿房宫整个的规模"东西五里，南北千步"。如今在陕西西安西郊三桥镇以南，东起巨家庄，西至古城村，还保存着面积约60万平方米的阿房宫遗址。可见，阿房宫宫殿之多、建筑面积之广、规模之宏大，是世界建筑史上无与伦比的宫殿建筑。

1994年，联合国教科文组织实地考察，确认秦阿房宫遗址建筑规模和保存完整程度在世界古建筑中名列第一，属世界奇迹和著名遗址之一，被誉为"天下第一宫"。

今阿房村南附近，有一座大土台基，周长约310米，高约20米，全用夯土筑起，当地人称为"始皇上天台"。阿房村西南附近，夯土迤逦不断，形成一个长方形台地，面积约26万平方米，当地称为"郿坞岭"。这两处地方是阿房宫遗址内最显著的建筑遗迹。

三、秦始皇陵：世界上最大的地下王陵

古埃及金字塔是世界上最大的地上王陵，中国秦始皇陵则是世界上最大的地下皇陵。

1. 世界八大奇迹之一

秦始皇兵马俑博物馆上是中国最大的古代军事博物馆。1961年，我国将秦始皇陵定为全国文物重点保护单位。对秦始皇陵园第一次全面的考古勘察始于1962年。考古人员绘制出了陵园第一张平面布局图，经探测，陵园范围有56.25平方千米，相当于近78个故宫，引起考古界轰动。1987年，秦始皇陵及兵马俑坑被联合国教科文组织批准列入《世

兵马俑

界遗产名录》，并被誉为"世界八大奇迹"，令全世界人惊叹，令全中国人自豪。

秦始皇陵位于距西安市30多千米的临潼县城以东的骊山脚下。据史书记载：秦始皇嬴政从13岁即位时就开始营建陵园，由丞相李斯主持规划设计，大将章邯监工，修筑时间长达38年，工程之浩大、气魄之宏伟，创历代封建统治者奢侈厚葬之先例。在他陵墓的周围环绕着陶俑。那些略小于人形的陶俑形态各异，连同他们的战马、战车和武器，成为历史的鉴证，同时也具有极高的历史价值。

秦始皇陵南依层层叠嶂、山林葱郁的骊山，北临逶迤曲转、似银蛇横卧的渭水之滨。高大的封冢在巍巍峰峦环抱之中与骊山浑然一体，景色优美，环境独秀。陵墓规模宏大，气势雄伟。陵园总面积为56.25平方千米（相当于78个故宫）。陵上封土原高约115米，现仍高达76米，陵园内有内外两重城垣，内城周长3840米，外城周长6210米。内外城廓有高8—10米的城墙，今尚残留遗址。墓葬区在南，寝殿和偏殿建筑

兵马俑

群在北。

2. 规模宏大，埋藏丰富

秦始皇陵是中国历史上第一座帝王陵园，是我国劳动人民勤奋和聪明才智的结晶，是一座历史文化宝库，在古代帝王陵墓中它以规模宏大、埋藏丰富而著称于世。

秦始皇陵共发现10座城门，南北城门与内垣南门在同一中轴线上。坟丘的北边是陵园的中心部分，东西北三面有墓道通向墓室，东西两侧还并列着4座建筑遗存，有专家认为其是寝殿建筑的一部分。秦始皇陵规模宏大，气势雄伟，结构特殊。

陵墓地宫中心是安放秦始皇棺椁的地方，陵墓四周有陪葬坑和墓葬400多个，范围广及56.25平方千米。主要陪葬坑有铜车、马坑、珍禽异兽坑、马厩坑以及兵马俑坑等，历年来已有5万多件重要历史文物出土。1980年发掘出土的一组两乘大型的彩绘铜车马——高车和安车，是迄今中国发现的体形最大、装饰最华丽、结构和系驾最逼真、最完整的古代铜车马，被誉为"青铜之冠"。

3. 秦陵工程

"秦王扫六合，虎视何雄哉！……刑徒七十万，起土骊山隈。"

这脍炙人口的诗句出自大诗人李白笔下，它讴歌了秦始皇的辉煌业绩，描述了营造骊山墓工程的浩大气势。的确，陵园工程之浩大、用工人数之多、持续时间之久都是前所未有的。

陵园工程的修建伴随着秦始皇一生，当他13岁刚刚登上皇帝宝座时，陵园营建工程也就随之开始了。前后费时近40年，至秦亡时陵园尚未完全竣工。据司马迁的《史记》记载："始皇初即位，穿治郦山，及并天下，天下徒送诣七十余万人，穿三泉，下铜而致椁，宫观百官奇器珍怪徙藏满之。令匠作机弩矢，有所穿近者，辄射之。以水银为百川江河大海，机相灌输，上具天文，下具地理。以人鱼膏为烛，度不灭者久之。"

秦兵马俑战车

纵观陵园工程，前后可分为 3 个施工阶段。自秦王即位开始到统一全国的 26 年为陵园工程的初期阶段。这一阶段先后展开了陵园工程的设计和主体工程的施工，初步奠定了陵园工程的规模和基本格局。从统一全国到秦始皇三十五年（公元前 212 年），历时 9 年为陵园工程的大规模修建时期。经过数十万人大规模的修建，基本完成了陵园的主体工程。自秦始皇三十五年到秦二世二年（公元前 208 年）冬，历时 3 年多为工程的最后阶段。

皇陵使用的大量石材是从百余里之外的渭北诸山运来的，尤其是陵园使用的数十万立方米木材都是千里迢迢从湖北、四川等地靠人工砍伐又凭人力运往骊山脚下的，加上陵园陪葬的 8000 多兵马俑和铜车、铜马等一大批做工精细的陪葬品，在中外陵寝建造史都是罕见的。

《史记·秦始皇本纪》载二世元年"四月，骊山事大毕……复作阿房宫"。此时修陵者大致为 30 万人。公元前 209 年初，陵墓的主体才算基本完成，只剩下少量的扫尾工程。公元前210年，秦始皇死后，秦二世胡亥继位，继续扩修阿房宫和驰道，赋税徭役比以前更为繁重，从而引起农民大起义。陈胜、吴广的部下周文率兵迅速打到了距陵园不足数华里的戏水附近（今临潼区新丰街道附近）。面临大军压境、威逼咸阳之势，二世这位未经风雨锻炼的新皇帝惊慌失措，向群臣发出"为之奈何"的哀求。这时少府令章邯建议："盗已至，众强，今发近县不及矣，骊山徒多，请赦之，授兵以击之。"二世当即迎合，并让章邯率领修陵大军回击周文的起义军。陵园最后被迫中止，施工前后将近40年，在我国陵寝修建史上名列榜首，其修建的时间比埃及胡夫金字塔还要长8年。

4. 兵马俑坑：世界雕塑史上的奇迹

兵马俑坑是秦始皇陵的陪葬坑，位于陵园东侧1500米处，被誉为"世界第八奇迹"，为研究秦朝时期的军事、政治、经济、文化、科学技术等，

秦始皇陵 兵马俑

提供了十分珍贵的实物资料，成为世界人类文化的宝贵财富。兵马俑坑现已发掘3座，俑坑坐西向东，呈"品"字形排列，坑内有陶俑、陶马8000多件，还有4万多件青铜兵器。

坑内的陶塑艺术作品是仿制的秦宿卫军。近万个或手执弓、箭、弩，或手持青铜戈、矛、戟，或负弩前驱，或御车策马的陶质卫士，分别组成了步、弩、车、骑4个兵种。在地下坑道中的所有卫士都是面向东方放置的。据钻探得知共有3个陪葬坑，其中1974年发现的一号坑最大，它东西长230米，南北宽62米，深5米左右，与长廊和11条过洞组成了整个坑，坑中放置了与真人真马大小相同、排成方阵的6000多个武士俑和拖战车的陶马。在一号坑的东北约20米处是1976年发现的二号坑，它是另一个壮观的兵阵。二号坑南北宽84米、东西长96米，面积9216平方米，建筑面积为17016平方米。二号坑内有多兵种联合阵容，包括步兵、车兵、骑兵和弩兵等。二号坑西边是三号坑，南北宽24.5米、东西长28.8米，面积为500多平方米。三号坑于1989年10月1日才开始允许游客参观。经有关专家推断，被认为是用来统率一、二号坑的军幕。坑内保存有一乘战车、68个卫士俑以及武器。一号坑为"右军"，埋葬着和真人真马同大的陶俑、陶马约6000件；二号坑为"左军"，有陶俑、陶马1300余件，战车89辆，是一个由步兵、骑兵、战车等3个兵种混合编组的曲阵，也是秦俑坑的精华所在；三号坑有武士俑68个、战车1辆、陶马4匹，是统率地下大军的指挥部。这个军阵是秦国军队编组的缩影。

1980年，陵园西侧又出土了青铜铸大型车马2乘，引起全世界的震惊和关注，这些按当时军阵编组的陶俑、陶马为秦代军事编制、作战方式、骑步卒装备的研究提供了形象的实物资料。兵马俑的发现被誉为"世界第八大奇迹""20世纪考古史上的伟大发现之一"。秦俑的写实手法作为中国雕塑史上承前启后的艺术为世界瞩目。现已在一、二、三号坑成立了秦始皇陵兵马俑博物馆，对外开放。

5. 兵马俑种类

（1）高级军吏俑。俗称将军俑，数量极少，出土不足10件，分为战袍将军俑和铠甲将军俑两类，其共同特点是头戴鹖冠，身材高大魁梧，气质出众超群，具有大将风度。战袍将军俑着装朴素，但胸口有花结装饰；而铠甲将军俑的前胸、后背以及双肩共饰有8朵彩色花结，华丽多彩，飘逸非凡，衬托其等级、身份以及在军中的威望。

高级军吏俑

（2）车士俑。车士，即战车上除驭手（驾车者）之外的士兵。一般战车上有两名车士，分别为车左俑和车右俑。车左俑身穿长襦，外披铠甲，胫着护腿，头戴中帻，左手持矛、戈、戟等长兵器，右手作按车状；车右俑的装束与车左俑相同，而姿势相反。他们都是战车作战主力。从秦俑坑战车遗迹周围发现的兵器看，秦代战车上的车左俑和车右俑均手持戈、矛等格斗用长兵器及弓弩等致远兵器，说明战车上车左、车右的分工并不十分明确。在

车士俑

战车上，除了矛驭手和车左、车右俑外，还发现有指挥作战的军吏俑。军吏有高低之分，负有作战指挥的职责。

（3）立射俑。立射俑在秦俑中是一个较为特殊的兵种，出土于二号坑东部，所持武器为弓弩，与跪射俑一起组成弩兵军阵。立射俑位于阵表，身着轻装战袍，束发绾髻，腰系革带，脚蹬方口翘尖履，装束轻便灵活。此姿态正如《吴越春秋》上记载的"射之道，左足纵，右足横，左手若扶枝，右手若抱儿，此正持弩之道也"。立射俑的手势，与文献记载符合，说明秦始皇时代射击的技艺已发展到很高的水平，各种动作已形成一套规范的模式，并为后世所承袭。

立射俑

（4）跪射俑。与立射俑一样，跪射俑出土于二号坑东部，所持武器为弓弩，与立射俑一起组成弩兵军阵。立射俑位于阵表，而跪射俑位于阵心。跪射俑身穿战袍，外披铠甲，头顶左侧绾一发髻，脚蹬方口齐头翘尖履，左腿蹲曲，右膝着地，上体微向左侧转，双手在身体右侧一上一下作握弓状，表现出一个持弓的单兵操练动作。在跪射俑的雕塑艺术中，有一点非常可贵，那就是他们的鞋底，工匠细致地刻画出疏密有致的针脚，反映出极其严格的写实精神，让后人从秦代武士身上感受到一股十分浓郁的生活气息。

（5）武士俑。即普通士兵，作为军阵主体，在秦俑坑中出土数量为最，依着装有异分为两类，即战袍武士和铠甲武士。他们作为主要的作

第八章 秦遗址：大秦帝国的遗恨 / 129

战力量分布于整个军阵之中。战袍武士俑大多分布于阵表,灵活机动;铠甲武士俑则分布于阵中。两类武士皆持实战兵器,气质昂扬,静中寓动。

(6)军吏俑。军吏俑从身份上讲低于将军俑,有中级、下级之分。从外形上看,头戴双版长冠或单版长冠,身穿的甲衣有几种不同的形式。军吏俑除了服饰上与将军俑不同外,精神气度上也略有差异,军吏俑的身材一般不如将军俑体魄丰满魁伟,但整体上比较高大,双肩宽阔,挺胸伫立,神态肃穆,更多表现出他们勤于思考、勇武干练的一面。

武士俑

(7)骑兵俑。出土于二号坑,多用于战时奇袭。由于兵种的特殊,骑兵的装束显然与步兵、车兵不同。他们头戴圆形小帽,身穿紧袖、交领右衽双襟掩于胸前的上衣,下穿紧口连裆长裤,脚蹬短靴,身披短而小的铠甲,肩上无披膊,手上无护甲。衣服短小轻巧,一手牵马,一手持弓。从这种特殊的装束可以清楚地看出,从古代骑兵战术来说,骑士的行动敏捷是一项基本的要求。二号坊出土的骑兵俑,是迄今为止我国考古史上发现的最早的骑兵实

骑兵俑

物。因此为研究当时骑兵服饰和装备提供了十分珍贵的考古资料。

（8）驭手俑。驭手俑为驾驶战车者，在三个俑坑中均有出土。他们身穿长襦，外披铠甲，臂甲长及腕部，手上有护手甲，胫着护腿，脖子上围有颈甲，头上戴有巾帻及长冠，双臂前举作牵拉辔绳的驾车姿态。由于古代战争中战车的杀伤力极强，因而驭手在古代战争特别是车战中地位尤为重要，甚至直接关系着战争的胜负。

（9）秦俑彩绘。主要有红、绿、蓝、黄、紫、褐、白、黑8种颜色。如果再加上深浅浓淡不同的颜色，如朱红、粉红、枣红色、中黄、粉紫、粉绿等，其颜色就有10多种了。化验表明这些颜色均为矿物质。红色由辰砂、铅丹、赭石制成；绿色为孔雀石；蓝色为蓝铜矿；紫色为铅丹与蓝铜矿合成；褐色为褐铁矿；白色为铅白和高岭土；黑色为无定形碳。这些矿物质都是中国传统绘画的主要颜料。秦俑运用了如此丰富的矿物颜料，表明2000多年前我国劳动人民已能大量生产和广泛使用这些颜料。这不仅在彩绘艺术史上，而且在世界科技史上都有着重要意义。

秦俑彩绘技术也有许多独到之

驭手俑

秦俑彩绘

处。一般在彩绘之前先对陶俑表面进行处理。由于陶俑是没有釉的素陶，具有较多的毛细孔，表面不能滑润，而彩绘则要求毛细孔不宜太多，也不能太少，表面不易太滑，也不能太涩。所以，为了达到这一要求，陶俑在烧造之前表面似用极细的泥均匀涂抹，并加以压光，以减少毛孔及提高光洁度。同时在陶俑烧造之后，似进行了化学物理处理。从陶俑陶片断面观察，也证明了陶俑烧造之前表面曾用细泥涂抹，有的部位不止涂抹一次。陶俑表面还涂有一层薄薄的类似胶质的物质。表面涂胶使彩绘不易脱落。彩绘技法则是根据不同部位采取不同的方法。一般陶俑的颜面、手、脚面部分先用一层赭石打底，再绘一层白色，再绘一层粉红色，尽量使色调与人体肤色接近；而袍、短裤、鞋等处的彩绘则是采取平涂一种颜色，只是在衣袖与袖口、甲片与连甲带之间运用不同的色调作对比，更显示出甲衣的质感。有些胡须、眼眉的处理，则是用黑色绘成一道道细细的毛发。

总之，彩绘工序复杂，手法多样，着色讲究，充分显示了彩绘的层次和质感，使雕塑与彩绘达到相得益彰的艺术效果。其中有些彩绘技法为汉代所继承。陶俑、陶马彩绘严格模拟实物，但在色调的掌握上以暖色为主，很少使用冷色。红、蓝、绿等色调的使用，巧妙地表现出秦军威武。

兵马俑体现了我国古代人民的智慧，中国古代人民的智慧不可低估，而兵马俑更是全世界的一个奇迹，它让外国人赞叹，让中国人骄傲。

知识小百科

秦始皇

秦始皇是中国历史上杰出的政治家、军事家，姓嬴，名政，秦庄襄王之子，公元前259年出生于赵国邯郸，公元前246年13岁即立为秦王，22岁加冕亲政。自公元前236—前221年的15年中，秦国灭掉了韩、赵、魏、楚、燕、齐6个诸侯国，彻底结束了战国群雄割据的历史，在血与火中，建立了中国历史上第一个统一的、多民族、中央集权的王朝——秦王朝。"秦王扫六合，虎势何雄哉！挥剑决浮云，诸侯尽西来。"秦始皇这位叱咤风云的旷世君主，不仅为后人留下了千秋伟业，还留有这座神秘莫测的皇家陵园。

第九章

汉朝三宫遗址：大汉王朝的气魄

汉朝（公元前206—前220年）长安城主要由三大殿区组成，即长乐宫区、未央宫区和建章宫区。这三大殿区也被称为汉朝三宫。

一、长乐宫

长乐宫位于汉朝长安城的南部（其遗址在今西安市西北郊的阁老门村）。因其位于未央宫西，又称东宫。意为"长久快乐"。

长乐宫是在秦（公元前221—前207年）兴乐宫的基础上修葺而成。汉高祖五年（公元前202年）动工，汉高祖七年（公元前200年）建成。

长乐宫建成后，汉高祖刘邦（公元前256—前195年）选了一个黄道吉日，正式在长乐宫临朝。

长乐宫是西汉的政治中心，由前殿、临华、长信、

西汉龙形玉饰

宣德、温室等14个宫殿组成，周长10余千米，总体上是由4组宫殿组成：长信殿、长秋殿、永寿殿、永宁殿。汉高祖七年由栎阳迁都长安以后便居于此处，并长期在这里处理政务。自惠帝以后，皇帝移住未央宫，长乐宫供太后居住，称为东宫或东朝，当时有名的军事家韩信就是被刘邦的皇后吕雉谋杀在这里。

1. 长乐宫遗址

长乐宫现仅存遗址，在遗址内有许多让人惊叹的建筑。中国社会科学院考古研究所汉长安城工作队继2002—2004年分别对长乐宫2号、4号和5号建筑遗址进行发掘后，2005年10—12月又对长乐宫6号建筑遗址进行了部分发掘，钻探发掘表明，6号建筑遗址是迄今钻探到的长乐宫内规模最大的一座建筑遗址，发掘中发现了最为完美的排水系统。结合前面的发掘钻探，汉长安城长乐宫的总体布局已初步展现在人们面前，其大气恢宏、精致有序的建筑向人们展示了一幅大汉时期高贵奢华的皇宫生活全景图。

长乐宫6号建筑遗址位于长乐宫的西北部，在今西安市未央区汉城

街道办事处罗家寨村北。北距 4 号建筑遗址约 30 米；东距 5 号建筑遗址即凌室遗址约 50 米，中心是一个大型夯土台基。在紧贴台基北边沿有一条东西向半地下通道，通道铺有地砖，在一个斜坡通道处铺的是精致的花纹砖。

发掘区西部有一组三室的半地下房子和分割的 4 个庭院，东部是一组夯土围成的庭院，庭院靠西北角有一眼深 8 米保存基本完好的水井，东边的夯土一直延续到北面 30 米处的 4 号遗址，可以联想到，夯土上当初是房屋或走廊。

汉砖

汉砖拓片

2. 罕见的排水管道

考古人员在台基北发现了一组完整的排水设施，由两座沉淀池和数段圆形或五角形的排水管道组成，排水渠长达 57 米，宽约 1.8 米，深约 1.5 米，在接纳了来自南方和东方的各个排水管道的污水之后，通过东墙下的大型陶水管道排出大型宫殿建筑之外，设计非常巧妙。这组排水设施由两座沉淀池和数段圆形和五角形排水管道组成，两个沉淀池分别位于西部的两个庭院中，有管道相通，进出水管道高

长乐宫内的排水设施

低计算精准，从房顶下来的雨水先汇入庭院中的沉淀池中，待杂物沉淀后，清水最后通过压在半地下通道下面的双排水管排到建筑之外，这样就能保证排水管道不被堵塞，只需定时清理沉淀池了。这表明中国皇宫建筑在西汉时期就已达到高超的水平。

3. 让人惊叹的皇宫藏冰遗迹

皇家的藏冰之所——凌室遗址，让人们了解了古人藏冰、用冰的秘密。遗址的围墙特别厚，有利于保持室内温度来储藏冰块，而冰块的来源则应该是在渭河河面采集的，人们可以用于食物的防腐保鲜，夏日可以降温纳凉。参观时，人们走在特制的悬空式玻璃走廊，在透明的走廊上可看到脚下的遗址内涵，给人更直接真切的参观体验。

二、未央宫

未央宫位于今西安市北 7 千米处。现存前殿夯土台基遗址 2000 平方米，最高处在 10 米以上。未央宫与长乐宫相隔近 500 米。未央宫是西汉及几个小王朝（前赵、前秦、后秦、西魏、北周等）的政治中枢。未央宫始建于刘邦称帝后的第七年（公元前 200 年），由 40 多座殿台楼阁组成，周长 11 千米，宏伟壮观。这组宫群是由刘邦重臣萧何监修的。《汉书·高帝纪》载：刘邦从前方打仗回到长安，见萧何把未央宫修得这么宏丽，甚为不悦，生气地问萧何："天下匈匈，劳苦数岁，成败未可知，是何治宫室过度也？"萧何答："天子以四海为家，非令壮丽亡以重威，且亡令后世有以加也。"刘邦听后又转怒为乐。史料又载，一次，刘邦在未央宫设宴款待诸王，在向太上皇（刘邦之父）敬酒时，刘邦竟问太上皇："始大人常以臣亡赖，不能治产业，不如仲（刘邦的二哥）力。今某之业所就孰与仲多？"刘邦得意之情可见一斑。

据文献记载，宫内主要建筑有前殿、宣室、温室、清凉、麒麟、金华、承明、高门、白虎、玉堂、宣德、椒房、昭阳、柏梁等殿和天禄、石渠两阁等，共40余座。

前殿是未央宫最重要的主体建筑，居全宫正中，其他重要建筑围绕在它的四周。夯土台基北部至今残高达15米，南北长约350米，东西宽约200米，有前、中、后三座大殿，是利用南北向的龙首山丘陵修建的高台建筑。前殿西南和东北部各有一建筑基址，可能是守卫人员办公、住宿和大臣出入休息的地方。殿内西南部发现了一批被火烧过的木简，其中有病历和医方文字。

前殿北360米有一座宫殿基址，其主体建筑的南夯土台基东西长50米，南北宽30多米。宫内有宣室、麒麟、金华、承明、武台、钩弋殿等，另外还有寿成、万岁、广明、椒房、清凉、永延、玉堂、寿安、平就、宣德、东明、岁羽、凤凰、通光、曲台、白虎、猗兰、无缘等殿阁，它的北面有一长方形庭院，南面有两夯土台，似为正殿前的两座阙门。据历史书籍记载，未央宫的四面各有一个司马门，东面和北面门外有阙，称东阙和北阙。当时的诸侯来朝入东阙，平民上书则入北阙。其殿台基础是用龙首山的土做成，殿基甚至高于长安城。由于其处西南，命名很可能是位于未（西南方）的中央宫殿之意。据推测是后宫椒房殿遗址，即皇后的住处。

2号宫殿遗址在前殿之北，3号宫殿遗址在前殿之西北，均为建于夯土台上的组群建筑，各有门殿多重。据出土遗物推断，前者为后妃居住的后宫，后者属宫廷的官署。较为特殊的是，2号宫殿的夯土基下掘有地道多条，其墙立壁柱，墙面则涂草泥抹白灰，地面铺以条砖。

石渠阁和天禄阁在前殿的西北和正北。前者是西汉中央政府的图书馆和档案馆，后者主要存放文史档案和重要典籍。

天禄阁

1. 官署遗址

管理全国工官的官署遗址距前殿西北880米，西距未央宫西宫墙105米，发掘总面积9600平方米。围有夯土墙，围墙内有外壁柱，对称分布。除东墙外，其余三墙均有廊。墙外均置斜坡散水。院内中部有一南北向的排水渠将其分为东、西并列的两座院子。东院东西长57米，南北长65.5米，有北、西两门。院内有两排共6座房屋。以南排西房面积最大，达215.04平方米。西院东西72.7米，南北65.5米，两排共7座房屋。东、西院内均有天井、地漏、回廊等遗迹。遗址中出土有数以万计的骨签，均以兽骨制成，一般长5.8—7.2米，宽2.1—3.2米，厚0.2—0.4厘米。背面平直，正面弧背，经磨平，上刻有字。行字数一般为6—7个，绝大多数文字内容为物品名称、规格、编号，如"服六石""力八石"。有2—4行字的字数少者十几个，多者三四十个不等，文字内容一般为纪年、工官名称、工官令、丞、令史等各级官吏和工匠名字。

前殿西北400米处，又发掘出一处官署遗址，高出地表1米多，发现有成排的柱础，内有封泥，推测是西汉皇室的少府或其所属的官署遗址，是执掌皇室钱财物品收入、开支的管理机构。

2. 出土遗物

未央宫遗址中出土遗物除以上所列的木简和骨签外，主要有云纹、葵纹、文字、素面瓦当。文字瓦当内容多为"千秋无极"等吉祥语。砖有长方形、方形、扇形砖和子母砖、空心砖。筒瓦一般通长47.2—49.6厘米、径14.9—19.3厘米。生活用具有灯、碗、盘、盆、奁等陶器。出土兵器有铁弩机等，还有一些车马器。铁弩机上还刻有产地、编号等铭文。

汉代瓦当

未央宫在西汉以后是新莽、西晋、前赵、前秦、后秦、西魏、北周等7个朝代的理政之地,使用时间达360多年。

三、建章宫

建章宫是汉武帝刘彻于太初元年（公元前104年）建造的宫苑。《三辅黄图》载:"周二十余里,千门万户,在未央宫西、长安城外。"汉武帝为了往来方便,跨城筑有飞阁辇道,可从未央宫直至建章宫。建章宫建筑组群的外围筑有城垣。

建章宫简图

1. 建筑特点

以建章宫的布局来看,正门圆阙、玉堂、建章前殿和天梁宫形成了一条中轴线,其他宫室分布在左右,全部围以阁道。宫城内北部为太液池,筑有三神山,宫城西面为唐中庭、唐中池。中轴线上有多重门、阙,正门曰阊阖,也叫璧门,高25丈,是城关式建筑。后为玉堂,建台上。屋顶上有铜凤,高5尺,饰黄金,下有转枢,可随风转动。在璧门北,起圆阙,高25丈,其左有别凤阙,其右有井干楼。进圆阙门内200步,最后到达建在高台上的建章前殿,气势十分雄伟。宫城中还分布众多不同组合的殿堂建筑。璧门之西有神明台,台高50丈,为祭金人处,有铜仙人舒掌捧铜盘玉杯,承接雨露。

2. 太液池

建章宫遗址土堆高度与未央宫相差无几,面积较未央宫宽阔。它附近有个叫双凤寨的村庄,村东有两个大土堆,这便是建章宫的北阙门。建章宫遗址土堆北有片洼地,便是当年的太液池。《史记·孝武本纪》载:"其北治大池,渐台高二十余丈,名曰泰液池,中有蓬莱、方丈、瀛洲、

蓬莱仙境图

壶梁,象海中神山龟鱼之属。"太液池是一个相当宽广的人工湖,因池中筑有三神山而著称。这种"一池三山"的布局对后世园林有深远影响,并成为创作池山的一种模式。为什么要在建章宫后面挖一个太液池呢?这里还有一个神话故事。相传在中国东边的大海里,有3座仙山,名叫蓬莱、方丈、瀛洲。仙山上有神仙居住。这个神话迷住了秦始皇。他想长生不老,多次派人去寻找仙山,寻求长生不老的药。他还亲自到浙江、山东的海边去求蓬莱仙人,但没找到。后来,汉武帝就叫人在建章宫北边挖一个大池子,名叫"太液池",象征那无底大海;中间堆土为山,象征蓬莱三仙山。隋朝在洛阳、唐朝在长安的后宫里也都建筑了太液池和仙山。北京北海公园金朝修建的琼华岛,也是按照这种迷信传统建成的。古时北海称为"太液池",把琼华岛比作"海上蓬莱"。

1973年,在建章宫后面的太液池还发现了一条巨型石鲸,身长约5米,腹围3米,现存陕西省博物馆。洼地西北有大约1亩的土台,这就是当年的承露台。古时在这座土台上建有一座承露盘,即有一个铜仙人舒掌捧盘,日夜等待天上降下的"甘露"。传说,汉武帝曾听信方士的谣言:蓬莱仙岛有承露金盘,接受天上的琼浆玉液(即露水),人喝了可以长生不老。公元前104年,汉武帝便在建章宫内修建了这座铜仙承露盘,每天收集一些露水，加上玉屑一起喝掉。至今，北京北海公园现还有一座铜仙承露盘，据说是清代乾隆皇帝仿效汉武帝承露盘而制作的。

太液池畔有石雕装饰。《三辅故事》载："池北岸有石鱼，长二丈，广五尺，西岸有龟二枚，各长六尺。"《西京杂记》有关于太液池畔植物和禽鸟的记述："太液池边皆是雕胡（茭白之结实者）、紫择（葭芦）、绿节（茭白）之类……其间凫雏雁子，布满充积，又多紫龟绿鳖。池边多平沙，沙上鹈鹕、鹧鸪、鹍青、鸿猊，动辄成群。"

西汉兽面纹青玉璧

第十章

马王堆遗址：
千年未解之谜

马王堆位于湖南省长沙市东郊浏阳河西岸、长浏公路北侧，距市中心约4千米，属长沙市芙蓉区马王堆乡（原属东屯渡乡）。原为河湾平地中隆起的一个大土堆，据地方志记载为五代时期楚王马殷及其家族的墓地，故名马王堆。堆上东西又各突起土冢一个，其间相距20余米。两冢顶部平圆，底部相连，形似马鞍，故也有人称其为马鞍堆。马王堆汉墓就位于此处。

1972—1974年先后在长沙市区东郊浏阳河旁的马王堆乡挖掘出土3座汉墓。根据漆器款识、封泥、印章等推断，1号墓为利苍之妻，2号墓为利苍本人，3号墓则是利苍之子，3座墓葬的时间相距约20多年。3座墓中以1号墓规模最大，墓坑南北长19.5米，东西宽达17.8米，深16米。1号墓由墓顶至椁室深达20米。椁室构筑在墓坑底部，由3椁（外椁、中椁、内椁）、3棺（外棺、中棺、内棺），以及垫木所组成。木棺四周及其上部填塞木炭，厚30—40厘米，约1万斤。木炭外面又用白膏泥填塞封固，厚度达60—130厘米。棺内出土了一具保存2100多年的完整女尸（利苍的妻子辛追），尸体长154厘米，外形完整，几乎与新鲜尸体相似。这是世界上已发现的保存时间最长的一具湿尸。它既不同于木乃伊，又不同于尸蜡和泥炭鞣尸，是一具特殊类型的尸体，是防腐学上的奇迹，震惊世界，吸引不少学者、游人观光。女尸经解剖后，躯体和内脏器官均陈列在一间特殊设计的地下室内（汉墓陈列馆现设在湖南省博物馆院内）。现在1、2号墓坑已经填塞，3号墓坑经过整理加固，保存下来，并新建了大跨度的顶棚，供人们参观。

一、马王堆的发现

1971年底,当地驻军在马王堆的两个小山坡建造地下医院,施工中经常遇到塌方,工人用钢钎进行钻探时从钻孔里冒出了呛人的气体,有人用火点燃了一道神秘的蓝色火焰……被点燃的那神秘的蓝色火焰让人感到恐惧和不解。最早接到消息的湖南省博物馆的侯良马上意识到,人们遇到的是一座古代墓葬,在湖南土话里把这样的墓叫火坑墓。

1972年1月,考古队正式对这座神秘的墓葬进行了科学挖掘,墓葬南北长20米,东西长17米,属于大型的古代墓葬。正当人们怀着期待的心情工作时,发现了一个圆形的盗洞,笔直地朝着墓葬的下方插去,一直向下延伸了17米,才消失。就在这时,人们挖到了一种黏糊糊的泥土,它的俗名叫白膏泥,常常用来保护墓葬,据说具有很好的封闭性。这时,在发掘工地上,忽然有工人在白膏泥中挖出了绿色的树叶,周围的人不敢相信这是古时候的树叶。在随后的发掘中,人们又在填土中陆续发现了翠绿的树枝和黄绿色的竹筐,一切都那么不可思议。

这是一个方形的墓，深20米，从上到下逐渐缩小，像漏斗的模样，墓坑的底部摆放着4米多长、1.5米高的椁室，如此罕见的巨大椁室，连经验丰富的考古学家都感到惊讶。

揭开椁板，中央是巨大的棺材，四边的边箱里填满了五光十色的珍宝，在淤泥的覆盖下，每件物品都和新的一样。

就在考古队员小心翼翼提取文物的时候，不可思议的事情又出现了，在东面的边箱里发现了一个漂亮的漆器，打开盖子，在场的人都不由瞪大了眼睛。侯良回忆说，那天盖子揭开后发现下边是水，上面漂了一层藕片，北京来的王予予喊："哎呀，这是2000多年的藕片啊！"这么一喊，大家都挤上来看这稀奇的事，他怕挤坏了，慢慢端到中间赶快去照相，就这么一端一放，漆器里就剩下几片了，等放到汽车上送回来时就没有了，变成了一锅汤。究竟是什么原因使得最容易腐烂的东西保存得如此完好，又是什么原因让神奇的景象转瞬即逝呢？人们还来不及思索这些令人费解的谜团，琳琅满目的文物源源不断地被取出墓坑，最后只剩下墓主人的栖身之所。

砖雕

开棺的过程再次出乎人们的意料，庞大的棺材竟然套装有 4 层，最里面才是安放墓主人遗体的内棺，棺盖上覆盖着一块"T"型的神秘帛画，这幅长达 2 米并且完好无损的巨幅帛画是中国考古史上的首次发现。

庞大的 4 层棺材都由上好的木料打造，最外面是庄重的黑漆素棺，没有任何装饰；第二层是黑底彩绘漆棺，黑色的底子上用金黄色绘出复杂多变的云气纹，纹路间穿插着 111 个怪兽和神仙，图案想象力丰富，线条粗犷，洋溢着远古时代的神秘气息；第三层是朱底彩绘漆棺，红色的底子上用绿色、褐色、黄色等各种颜色，描绘了许多代表祥瑞的图案，一共画了 6 条龙、3 只虎、3 只鹿、1 只凤和 1 个仙人，和外面的棺材相比，这个棺材显得富丽堂皇；最里面的内棺，棺身涂满黑漆，外面用帛和绣锦装饰。

考古人员花了整整一个星期的时间揭开了裹在墓主人尸身外面的丝绸物品。墓主人身上裹了 20 层衣物，有丝绸、麻织品，春夏秋冬的衣服几乎全都有了。

待墓主人露出了面容，所有在场的人都目瞪口呆：她不像一具古尸，皮肤仍旧是淡黄色的，按下去甚至还有弹性，部分关节能够活动。女尸经过防腐处理后，被送到了湖南省医学院。注射防腐剂时，女尸的软组织随时鼓起，以后逐渐扩散，和新鲜尸体十分相似。这不仅是世界考古史上的奇迹，而且也是人类历史上的奇迹。

在文物清理过程中，人们发现了一枚印章，上面刻着"妾辛追"几个字，说明墓主人的名字叫辛追。另外在一些随葬器物上，印有"轪

女尸复原图

侯家丞"和"轪侯家"的字样。根据史书记载，轪侯是西汉初年的一个侯爵，曾在长沙国担任丞相。由此基本确定墓葬的年代属于西汉初期，而地方志里关于五代十国楚王马殷墓的说法是错误的。

二、重要文物

马王堆汉墓的发掘，为研究西汉初期手工业和科学技术的发展以及当时的历史、文化和社会生活等方面，提供了极为重要的实物资料，对我国的历史和科学研究均有巨大价值，其出土文物也异常珍贵。从 3 号墓中出土的帛书《五十二病方》，经考证，可能比《黄帝内经》（成书于春秋战国时代）还要早，书中记载了 52 种疾病，还提到了 100 多种疾病的名称，共记载医方 280 多个，所用药物 240 多个。这是我国现在所能看到的最早的方剂。《五十二病方》的发现，补充了《内经》以前的医学内容，是一份非常珍贵的医学遗产。

马王堆 3 座汉墓共出土珍贵文物 3000 多件，绝大多数保存完好。其中 500 多件漆器，制作精致，纹饰华丽，光泽如新。尤为珍贵的是 1 号墓出土的大量丝织品，保护完好。品种众多，有绢、绮、罗、纱、锦等。有一件素纱禅衣，轻若烟雾，薄如蝉翼，该衣长 1.28 米，且有

马王堆出土漆器

长袖，重量仅 49 克，织造技巧之高超，真是天工巧夺。出土的帛画为我国现存最早的描写当时现实生活的大型作品。还有彩俑、乐器、兵器、印章、帛书等珍品。

1 号墓的第二、三层棺面漆绘的流云漫卷、形态诡谲的动物和神怪，体态生动，活灵活现，具有很高的艺术水平。3 号墓出土了大批帛书，是

不可多得的历史文献资料。帛书的内容涉及古代哲学、历史和科学技术许多方面。经整理，共有28种书籍、12万多字。另外还有一些图籍，大部分都是早已失传的佚书。2号汉墓出土的地形图，其绘制技术及其所标示的位置与现代地图大体近似。这些出土文物先后在美国、日本、波兰等国展出，评价极高，誉为"惊人的发现"。

马王堆辛追夫人直裾印花敷彩棉袍

三、千年女尸，未解之谜

1号墓的女尸经病理解剖表明，虽然经历了2100年，女尸身体各部位和内脏器官的外形仍相当完整，并且结缔组织、肌肉组织和软骨等细微结构也保存较好，这在世界尸体保存记录中是罕见的。临床医学检验表明，死者生前患有冠心病、多发性胆石症以及全身性动脉粥样硬化症、血吸虫病等多种病变。这具女尸为研究尸体的保存以及古组织学、古病理学、古代疾病史和中国医学发展史，提供了重要的科学资料。而病理解剖时，在女尸肠道中发现的甜瓜籽也揭示了辛追的真正死因——食用

马王堆女尸

甜瓜引起多种并发症，最终导致的心绞痛，让这位享尽荣华富贵的老妇人撒手西寰。

女尸身着丝绵袍和麻布单衣，足蹬青丝履，面盖酱色锦帕，并且用丝带将两臂和两脚系缚起来。然后包裹18层丝、麻衣衾，捆扎9道组带，又覆盖两件丝绵袍。女尸出土时，浸泡在无色透明棺液（出土不久变成棕黄色）之中。关于这种液体到底是不是防腐剂，由何而来有着不同的说法。考古学家发现其中有酸性液体，也曾怀疑是汞（硫黄）和水银，也怀疑用了酒精，可能当时确实有防腐剂，也可能是在尸体出殡时盛放冰块，或用香汤沐浴、擦拭身体而留下的。尸体重量却比原先轻了一半，于是有人认为这是尸体自身的水分。但此种发现经过考证并不可能，因为那些棺液总共80斤，而尸体也只有80斤，不可能释放等同身体重量的尸水。关于这些液体的真实来源，仍旧是未解之谜。

四、随葬器物

保存较好的1号墓和3号墓，随葬品都置于棺椁周围的4个边箱之中，主要有满盛衣物、食品和药材等物的竹笥、漆器、木俑、乐器、竹木器和陶器以及"遣策"竹简，均达1000余件。两墓的锦饰内棺上都覆盖彩绘帛画。3号墓还随葬有帛书和兵器。

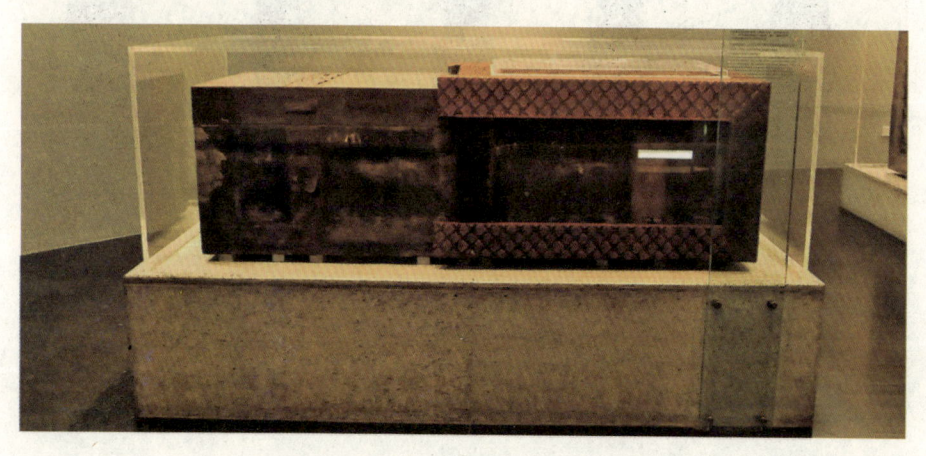

五、"遣策"竹简

"遣策"竹简详细记载了1号和3号两墓随葬品的情况，是目前发现的同类竹简中最完整的两批。1号墓出土312枚，3号墓出土410枚，内容均为逐件记录随葬物品的名称、数量和各种物品的分类小计。1号墓"遣策"竹简所列器物清单的大概顺序是：用漆木制九鼎、七鼎和三鼎、二鼎盛放的各种羹，用竹笥盛放的肉食品（包括禽、蛋和鱼类），用陶器盛放的酱和酒，用布囊盛放的粮食，以及漆木器具、梳妆用品、丝织衣物、乐器、扇、席和土质、木质的，但没有提到尸体的衣衾和相当数量的木俑。简文所载与墓内所出实物虽有一定的出入，但两相符合者仍然较多，因而根据简文便可确定某些器物的名称。3号墓所出"遣策"竹简，除大部分内容与1号墓相同外，还记载有车骑、乐舞、童仆等侍从，包括所持仪仗、兵器和乐器等物，这些都能同出土的木俑及棺椁两壁的帛画大体对照起来。

乐俑

六、彩绘帛画

1号墓和3号墓内棺上的彩绘帛画,保存完整,色彩彩绘帛画鲜艳,是不可多得的艺术珍品。两幅帛画的构图基本一致,全长2米许,均作"T"字形,下垂的四角有穗,顶端系带以供张举,应是当时葬仪中必备的旌幡。画面上段绘日、月、升龙和蛇身神人等图形,象征着天上境界;下段绘交龙穿璧图案,以及墓主出行、宴飨等场面。整个主题思想是"引魂升天"。有人认为,"遣策"简文中的"非衣一长丈二尺",即指这种帛画。两墓帛画的主要差别在于墓主形象,1号墓为女性,3号墓为男性。3号墓棺房悬挂的帛画,西壁保存较好,长2.12米,宽0.94米,绘车马仪仗图像,画面尚存100个多人像、几百匹马和数十辆车;东壁的帛画残破严重,所绘似为墓主生活场面。

七、纺织品和衣物

马王堆汉墓出土的各种丝织品和衣物,年代早,数量大,品种多,保存好,极大地丰富了中国古代纺织技术的史料。1号墓边箱出土的织物,大部分放在几个竹笥之中,除15件相当完整的单、夹绵袍及裙、袜、手套、香囊和巾、袱外,还有46卷单幅的绢、纱、绮、罗、锦和绣品,都以荻茎为骨干卷扎整齐,以象征成匹的缯帛。3号墓出土的丝织品和衣物,大部分已残破不成形,品种与1号墓大致相同,但锦的花色较多。最能反映汉代纺织技术发展状况的是素纱和绒圈锦。薄如蝉

素纱单衣

翼的素纱单衣，重不到1两，是当时缫纺技术发展程度的标志。用作衣物缘饰的绒圈锦，纹样具立体效果，需要双经轴机构的复杂提花机制织，其发现证明了绒类织物是中国最早发明创造的，从而否定了过去误认其为唐代以后才有或从国外传入的说法。而印花敷彩纱的发现，表明当时在印染工艺方面达到很高的水平。保存较好的麻布，发现于1号墓的尸体包裹之中，系用苎麻或大麻织成，仍具相当的韧性。

八、帛书和医简

马王堆汉墓发现了大批帛书和两卷医简，均出自3号墓东边箱的长方形漆盒中。帛书大部分写在宽48厘米的整幅帛上，折叠成长方形；少部分书写在宽24厘米的半幅帛上，用木条将其卷起。出土时都已严重破损，经整理，共有28件。其中除《周易》和《老子》二书有今本传世外，绝大多数是古佚书，此外还有两幅古地图。这是中国考古学上古代典籍资料的一次重大发现。

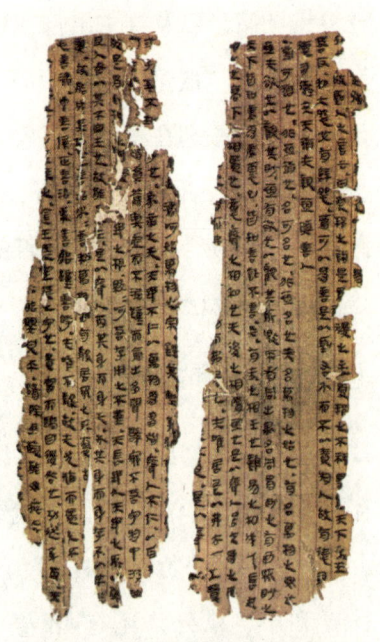

帛书图

医书简两卷200支，一卷内容与《黄帝内经》相似，讲的是养生之道；另一卷则为房中术。

其中发现的甲、乙本《老子》，为我们现在所见最古的版本；发现的《五星占》是我国现在发现的最古老的天文书；发现的《五十二病方》是我国现在发现的最古老医书。

马王堆帛地图

知识小百科

木乃伊

马王堆出土的西汉千年女尸，其尸体是湿的，在地下保存了2000多年，仍然完好无损，说明在那个时候，中国人使用的防腐技术已经达到很高的水平。

与湿尸相对应的是干尸，即木乃伊。

木乃伊即"人工干尸"。此词译自英语mummy，源自波斯语mumiai，意为"蜡"。世界许多地区都有用防腐香料或用香油（或药料）涂尸防腐的方法，而以古埃及的木乃伊为最著名。

在古埃及，流传着这样一个神话传说。很久很久以前，地神塞布的儿子奥西里斯很有本事，曾一度为埃及国王（法老）。他教会了人们从事农业生产，如种地、做面包、酿酒、开矿，给人们带来了幸福。因此，人们很崇拜他，把他视作尼罗河神，人们的生命就是奥西里斯给予的。他有一个弟弟叫塞特，存心不善，阴谋杀害哥哥，夺取王位。

有一天，塞特请哥哥共进晚餐，还找了许多人作陪。进餐时，塞特指着一只美丽的大箱子对大家说："谁能躺进这个箱子，就把它送给谁。"奥西里斯在众人的怂恿下，当着大家的面试了一试。但他一躺进去，塞特就关闭了箱子，上上锁，把他扔到了尼罗河里。

奥西里斯被害以后，他的妻子雨神伊西斯到处寻找，终于找回了尸体。不料，这件事被塞特知道了，他在半夜又偷走了尸体，把它剖成14块，扔在不同的地方。伊西斯又从各个不同的地方找到奥西里斯尸体的碎块，就地埋葬了。

后来，奥西里斯的遗腹子荷拉斯出生了，他从小就很勇敢。长大成人后，打败了塞特，替父亲报了仇，并继承了王位。他把父亲尸体的碎块从各地挖出来,拼凑在一起,做成了干尸"木乃伊"。又在神的帮助下,将他的父亲复活了。奥西里斯的复活不是在人世间的复活,而是在阴间复活。在另一个世界,他做了主宰,专门负责对死人的审判,并保护人间的法老。

这个神话故事开始在民间流传后被埃及法老利用来欺骗人民,说法老有神的帮助,因此活着是统治者,死后还是统治者。谁要是反对法老,那么,他活着时会受到惩罚,死后也不能顺利通过奥西里斯的阴间审判。

古埃及人很早就有灵魂不死的观念。他们把人的死亡看成到另一个世界"生活"的继续,因而热衷于制干尸、修坟墓。他们用盐水、香料、膏油、麻布等物将尸体泡制成"木乃伊",再放置到密不透风的墓中,就可经久不坏。深藏墓中不会腐烂的尸体,静静等待着死的灵魂重新回来依附于肉体。

"木乃伊"的制作,夹杂着一些神秘和迷信的东西,就"木乃伊"制作本身来说,它反映了古埃及医学水平所达到的成就。在制作"木乃伊"的过程中,埃及人积累了不少解剖学的知识,初步了解人体血液循环和心脏功能的关系以及大脑对人体的重要作用。今天能看到的《爱德温·史密斯纸草》是古埃及最重要的医学文献。这部医学著作是19世纪60年代一个名叫爱德温·史密斯的人发现的,大约是前1600年的抄本,其中最古老的部分可以上溯到中王国时期。该著作上半部系统地叙述了人体的构造,很像今天的人体解剖学,并列举了48种病例,分为可治、难治、不可治3种类型,还对病状作了详细的描述。可惜的是,下半部已经失传。在前2500年左右的雕塑作品中,可以看到当时医生施行外科手术的图像。这些都说明古埃及医学已经达到很高的水平。所以可以说古埃及的医学成就直接与他们解剖尸体、制作"木乃伊"有关。

　　古埃及人还认为人的复活只能在阴间,而不是在人间。因而,尸体同灵魂的重新组合,也不能使人重新回到人世,而只能生活在地下深宫。作为统治者的奴隶主为了满足自己死后生活的需要,不惜动用国家所有的人力、物力、财力建造坟墓,金字塔就是在这种背景下出现的。坟墓里必须摆放各式各样生前的生活用品,便于死者享用。

第十一章

楼兰古城：消失的砂中庞贝

新疆有一处地方被称为"沙漠中的庞贝"的神秘古城，就是西域古国楼兰。

古楼兰位于今新疆巴音郭楞蒙古自治州若羌县罗布泊西岸，是新疆最荒凉的地区之一。这里悠久的历史、天方夜谭似的传说故事是令人神往的；它神秘地从地球上消失，又意外地出现，又引起多少人的兴趣——许多中外游人和探险家都不辞辛劳地沿着丝绸之路向西进发，去目睹这座历史文化名城——古楼兰。1979年1月，我国科学家彭加木（已故）就曾从孔雀河北岸出发，徒步穿过荒漠到达楼兰遗址考察。

楼兰古国遗迹

第十一章　楼兰古城：消失的沙中庞贝

一、揭开楼兰消失之谜

楼兰属西域三十六国之一,与敦煌邻接,汉代时是西域一个强悍的部族,他们居住在新疆塔克拉玛干大沙漠的东部、罗布泊的西北缘。楼兰人的首都就是著名的楼兰古城。楼兰东通敦煌,西北到焉耆、尉犁,西南到若羌、且末,是"丝绸之路"上的一个枢纽,"丝绸之路"的南、北两道从楼兰分道,是中西方贸易的一个重要中心。中原地区的丝绸、茶叶、西域马、葡萄、珠宝,最早都通过楼兰交易。许多商队经过时,都要停下休息。那时的楼兰国政通人和,经济繁荣,物产丰富,周围建有雄伟的城墙。司马迁在《史记》中曾记载:"楼兰,姑师邑有城郭,临盐泽。"这是文献上第一次记载楼兰城。西汉时,楼兰的人口总共有1.4万多人,商旅云集,市场热闹,还有整齐的街道,雄壮的佛寺、宝塔。然而当时匈奴势力强大,楼兰一度被他们所控制,他们攻杀汉朝使者,劫掠商人。汉武帝曾发兵破之,俘虏楼兰王,迫其附汉。但是楼兰又听从匈奴的反间之计,屡次拦截屠杀汉朝官吏,汉昭帝元凤四年(公元前77年),大将军霍光派遣傅介子领几名勇士前往楼兰,设计杀死了楼兰王尝归,立尝归的弟弟为王,并改国名为鄯善,将都城南迁。但是汉朝并没有放松对楼兰的管理,"设都护、置军侯、开井渠、屯田积谷",使楼兰仍很兴旺。

楼兰古国遗迹

魏晋及前凉时期,楼兰为西域长史的治所。东晋以后,中原群雄割据,混战不休,无暇顾及西域,楼兰逐渐与中原失去联系。到了唐代,中原地区强盛,唐朝与吐蕃又在楼兰多次兵戎相见。李白《塞下曲》有:"五月天山雪,无花只有寒。笛中闻折柳,春色未曾看。晓战随金鼓,宵眠抱玉鞍。愿将腰下剑，直为斩楼兰。"王昌龄的《从军行》载："青海长云暗雪山，孤城遥望玉门关。黄沙百战穿金甲，不破楼兰终不还。"可见，楼兰在唐朝还是边陲重镇。然而，不知在什么年代，这个繁荣一时的城镇神秘地消失了。楼兰古国究竟在何方呢？这个不解之谜人们猜了若干世纪。

1900年3月，著名瑞典探险家斯文赫定带领一支探险队到新疆探险，探险队中的一员爱克迪是我国维吾尔族人，他在返回原路寻找丢失的铁斧，遇到了沙漠狂风，意外地发现沙子下面有一座古城。他把这个发现告诉了斯文赫定。第二年斯文赫定抵达这神秘城堡，发掘出不少文物，经研究后断定，这座古城就是消失多时的古楼兰城。楼兰城的再现，引得各国探险家争相前往探险觅宝。英籍匈牙利人斯坦因、美国人亨廷顿、日本人橘瑞超先后抵达这座"有高度文化的古城遗址"，掠走了一批重要文物。

楼兰城从沙丘下被人发现了，但一个更大的谜困惑着探险家们：繁华多时的楼兰城为什么销声匿迹，绿洲变成沙漠、戈壁，沙进城埋呢？

1878年，俄国探险家普尔热瓦尔斯基考察了罗布泊，发现中国地图上标出的罗布泊的位置是错误的，它不是在库鲁克塔格山南麓，而是在阿尔金山山麓。当年普尔热瓦尔斯基曾洗过澡的罗布泊湖水涟漪，野鸟成群，而今成了一片荒漠、盐泽。也就是说，罗布泊是个移动性的湖泊，它实际的位置也不是固定的。

罗布泊为什么会游移呢？科学家们认为，除了地壳活动的因素外，最大的原因是河床中堆积了大量的泥沙而造成的。塔里木河和孔雀河中的泥沙会聚在罗布泊的河口，日积月累，泥

罗布泊风光

沙越积越多，淤塞了河道，塔里木河和孔雀河便另觅新道，流向低洼处，形成新湖。而旧湖在炎热的气候中，逐渐蒸发，成为沙漠。水是楼兰城的万物生命之源，罗布泊湖水的北移，使楼兰城水源枯竭，树木枯死，居民皆弃城出走，留下一座死城。在肆虐的沙漠风暴中，楼兰终于被沙丘湮没了。

楼兰的消失跟人们破坏大自然的生态平衡也有关系。楼兰地处丝绸之路的要冲，汉、匈奴及其他游牧国家经常在楼兰国土上挑起战争；为了本国的利益过度垦种，使水利设施、良好的植被受到严重破坏。"3 世纪后，流入罗布泊的塔里木河下游河床被风沙淤塞，在今尉犁东南改道南流"，致使楼兰"城郭岿然，人烟断绝""国久空旷，城皆荒芜"。

1979 年和 1980 年，新疆科学工作者对楼兰古城进行了几次详细考察，终于揭开了这个被风沙湮没 1600 多年的"沙中庞贝"之谜，使人看到了它的本来面目：

楼兰古城的确切地理位置在东经 89°55′22″，北纬 40°29′55″，占地面积为 10.8 万多平方米。城东、城西残留的城墙，高约 4 米，宽约 8 米。城墙用黄土夯筑；居民区院墙是由芦苇扎成束或把柳条编织起来抹上的黏土做的。院墙内全是木造房屋，胡杨木的柱子，房屋的门、窗仍清晰可辨；城中心有唯一的土建筑，墙厚 1.1 米，残高 2 米，坐北朝南，似为古楼兰统治者的住所；城东的土丘原是居民们拜佛的佛塔。

二、楼兰古国遗址区

1. 楼兰古城

俯瞰楼兰古城，城中东北角有一座烽燧，虽然经过历代不同时期的补修，但依然从它身上可以看出最早汉代建筑的风格。烽燧的西南是"三间房"遗址。这座 100 平方米的房屋，建筑在一块高台上，三间房正中的一间要比东西两间显得宽大。20 世纪初，斯文赫定曾在东面一间房内发掘出大量的文书简。从三间房西厢房残存的大木框架推测，这里昔日曾是城中屯田官署所在地。继续向西走能看到一处大宅院。院内，南北各有三间横向排列的房屋。在古城，这座院落建筑也是比较有排场的。相形之下，大宅院南面的房舍多数是单间，矮小、散杂而破败不堪。根据出土文书推测，三间房毗邻的框架结构房屋是楼兰古城的官署遗迹。

（1）官衙。"三间房"是并排的3间房子，是楼兰城中两座土坯建筑之一，是城中规格最高的建筑，可能是当时的官衙。自从斯文赫定发现楼兰古城并在三间房的墙角下发掘出

楼兰古国遗址

大量珍贵的文书以后，来自美国的亨延顿、日本的橘瑞超、英国的斯坦因都曾在这里大肆挖掘，并将文物运出我国。这些文物后来被博物馆收藏，由专家进行研究，并在国际上兴起了"楼兰学"的热潮。

（2）民居。楼兰遗址中的民居由红柳、芦苇搭建而成，如今屋顶、四壁不存，但从残留的墙根可以看出当时的布局。

（3）佛塔。佛塔大约10米高，是楼兰城中最高的建筑。

楼兰遗迹

2. 海头古城

1988年，新疆维吾尔自治区文化厅文物处组织了罗布泊文物队开始对楼兰周围进行考察。在部队的配合协助下，经过32天的奋战，罗布泊文物队终于在楼兰古城西南找到了"海头"古城并测绘了国内第一张关于这古城的地形图，采集了一批珍贵文物标本，进一步填补了罗布泊地区考古的空白。

3. 米兰遗址

米兰遗址位于若羌县城东40千米处，由唐代吐蕃古戍堡和周围分布的魏晋时期的古建筑群遗址以及汉代屯田水利工程设施和伊循城遗址所组成，是一个面积广大的区域。遗址中主要包括米兰城郭、两座佛寺及墓地，代表建筑遗址有古戍堡和东大寺。19世纪，英国人斯坦因曾在此地进行发掘，盗走了塑像、壁画等大批文物。现在沿城墙、佛寺的墙基处，东一个西一个刨挖的大坑仍随处可见。米兰属于古楼兰国的地域，我国汉代时曾在这里屯田，一种有争议的说法认为这里是楼兰国迁都后的新国都。这里曾发现过印度文化特征的绝妙壁画——带翼天使，以及公元8—9世纪的吐蕃藏文木牍。这里是揭示楼兰古国神秘兴衰的重要史迹，是佛教东传由新疆进入中原的重要地域，也是史料记载中少见的吐蕃与西域交流的证明。

楼兰古城沙雕

4. 小河墓地

小河墓地位于罗布泊地区孔雀河下游河谷南约60千米的罗布沙漠中，东距楼兰古城遗址175千米。小河墓地整体由数层上下叠压的墓葬及其他遗存构成，外观为在沙丘比较平缓的沙漠中突兀而起的一个椭圆形沙山。沙山高出地表7.75米，面积2500平方米。小河墓地给人的第一印象就是墓地沙山上密密麻麻矗立的140多根多棱形、圆形、桨形的胡杨木桩,桨4米多高,很粗壮,多被砍成7棱体到11棱。1934年5月,瑞典考古学家贝格曼考察新疆罗布泊地区时,在奥尔德克的引领下抵达这个"有一千口棺材"的古墓葬。途中他们发现了一条东南流向的河流,有20米宽,

小河墓地

总长约120千米,水流迟滞,一串串小湖沼被芦苇、红柳环绕,随后便找到了墓地,贝格曼便临时为它取名叫"小河",小河墓地也因此命名。小河墓地有墓葬约330个,其中被盗扰的约160个。新疆考古专家对全部墓葬中的167个进行了编号,并对其中的163个进行了发掘,还发现了最小的婴儿墓葬。发掘墓葬获得服饰保存完好的干尸15具、男性木尸1具、罕见的干尸与木尸相结合的尸体1具,发现两组重要的祭祀遗存,发掘和采集文物近千件,不少文物举世罕见,而其中尤其宝贵的是"楼兰女尸"。

女尸是在一船形木棺中发现的,保存完好。打开棺木,严密的裹尸布一碰就风化成了粉末。揭开覆盖在面部的羞布,一个年轻美丽的姑娘双目紧闭,嘴角微翘,就像刚刚睡去,脸上浮现着神秘的微笑。这就是传说中的"楼兰公主"或"罗布女王"。她已在沙漠之下沉睡了3800多年。她长发披肩,身材娇小,身高仅5.2英尺。这个木棺在160平方米的山顶,有彩绘的巨大木柱、精美的木栅栏、真人一样大的木雕人像、醒目的享堂(墓地的地面建筑)。专家认定,它绝不是为普通楼兰人修建的,而是一处重要陵墓。

5. 太阳墓

太阳墓位于孔雀河古河道北岸,是1979年冬被考古学家侯灿、王炳华等所发现的。古墓有数十座,每座古墓都是墓四周用一个圆形木桩围成

的死者墓穴，外面用一尺多高的木桩围成 7 个圆圈，并组成若干条射线，呈太阳放射光芒状。经碳 14 测定，太阳墓已有 3800 年之久，它是哪个民族哪个部落的墓地？为何葬在这里？这群人居住何方？是把太阳当作图腾建造此墓还是有别的意义……仍是个不解之谜。

这里发现了近 10 处古代人类遗址、一些石球、手制加沙陶片、青铜器碎片、三棱形带翼铜镞、兽骨、料珠等人类遗物，暴露在未被沙丘完全覆盖的黄土地表面。还有一些 5000—6000 年以前的石刀、石矛、石箭头、细小石叶、石核等。这清楚地显示，今天已是不毛之地的楼兰，自新石器后期、青铜时代直至汉代前期，的确曾绿草萋萋，森林覆盖率甚至达到 40%。

俯视楼兰故城

楼兰遗迹

知识小百科

沙漠中的庞贝

庞贝的历史可以追溯到公元前600年,那时的庞贝还只是海湾畔的一个小集市,主要从事农业和渔业的生产。直到公元前80年,强大的罗马帝国将庞贝划入自己的版图,这里开始成为一座繁华的城市,贸易往来繁多,经济发达,集中了许多宏伟的建筑和精美的雕刻,是当时罗马帝国经济、政治、宗教的中心之一。

公元79年10月24日的一天中午,庞贝城附近的活火山维苏威火山突然爆发,火山灰、碎石和泥浆瞬间湮没了整个庞贝,古罗马帝国最为繁华的城市在维苏威火山爆发后的18个小时内彻底消失。直到18世纪中期,这座深埋在地底的古城才被挖掘出土而重见天日。

在庞贝出土的一幅壁画中写道"没有任何东西可以永恒",可突如其来的灾难在毁灭了庞贝的同时也使得当时的古城风貌得以永生——能容纳近两万人的竞技场、100多家酒吧、30多家面包甜品店、可容纳5000人的大剧院、铺着整块大石板的步行街、雕花石砌的水池和精美的壁画……这一切都因为一场灾难而躲过了岁月的侵袭,正如伟大的诗人歌德所说:"在世界上发生的诸多灾难中,还从未有过任何灾难像庞贝一样,它带给后人的是如此巨大的愉悦。"

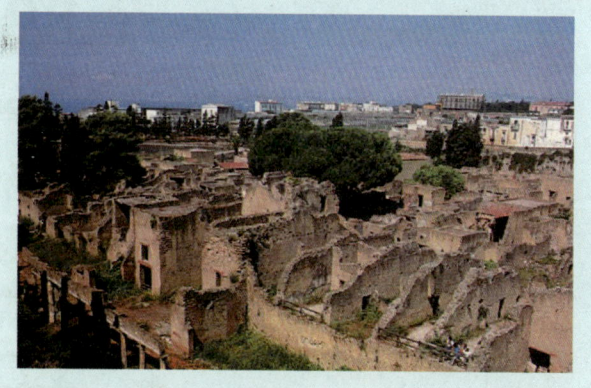

第十二章

大明宫遗址：

宏大的宫殿群

大明宫是唐代长安城三大宫之一，是中国盛唐时期世界上规模最为宏大、规制最为严整、规划最具特色的宫殿群，是大唐帝国统治者的王宫，总面积达3.2平方千米。从唐高宗时起，历朝皇帝多在此听政，是200余年间唐代的政令中枢所在。大明宫遗址位于西安市北郊龙首原上，1957年开始发掘，遗址保存比较完整，是国务院首批公布的重点文物保护单位，也是国际古遗址理事会确定的具有世界意义的重大遗址保护工程。

大明宫平面略呈梯形，面积约3.2平方千米。宫墙周长约7.6千米，四面共有11座门，已探明的殿、台、楼、亭等基址有40余处。宫南部为前朝，以自南而北的含元殿、宣政殿和紫宸殿为中心组成。含元殿系大明宫正殿，重大庆典和朝会多在此举行。殿基面阔13间、近76米，进深6间、40余米，现存高15米，充分体现了当年"九天阊阖开宫殿"的磅礴气势。宫北部的内廷中心为太液池，周围有三清殿等多处建筑基址分布，内廷西部有朝廷宴会和接见外国使节的麟德殿，殿基长130余米，宽近80米。其上建有前、中、后毗连的三殿，周围绕以回廊，规模十分宏伟。

一、大明宫，见证大唐王朝的兴衰

与古罗马市政厅和著名的庞贝古城相比，大明宫遗址的规模要大很多。大明宫曾是世界上规模最大的宫殿群，是今天仍幸存于世的紫禁城的3.5倍，相当于3个法国凡尔赛宫、12个俄国克里姆林宫、13个法国罗浮宫。

1. 兴建

公元626年6月，李世民策划了"玄武门之变"，诛杀了其兄李建成、李元吉。不久，唐高祖李渊也退位，李世民登上帝位，即唐太宗。公元632年夏，李世民决心为太上皇李渊营造一所新的避暑行宫。公元635年春，大批工匠会集于长安城的东北处，开始大兴土木。新宫地址位于龙首原的高坡上，地势高爽。李世民希望，新宫可成全自己的一片孝心。新宫殿被命名为"大明"，这就是日后享誉天下的大明宫最早的缘起。公元635年5月，大明宫刚刚开建不到半年，李渊怆然离世，大明宫的营建戛然而止。没有人想到，这一停歇就是27年。

2. 辉煌

显庆五年（公元660年），武则天开始被"委以政事，权与人主侔"。第三年（公元662年），她就开始修治大明宫；龙朔三年（公元663年），正式迁至大明宫听政。自此，大明宫就一直是唐代主要的朝会之所。帝国

大明宫局部还原图

的权力中枢从太极宫正式转移至大明宫。公元705年11月，武则天死后，大唐江山重新回到李氏家族手中。公元710年，大明宫玄武门又一次爆发了政变，策划者是李隆基——相王李旦的儿子、武则天的孙子，这就是历史上赫赫有名的唐玄宗。在他的时代，唐朝迎来了辉煌的顶端，也是中国历史上最辉煌的时代——开元盛世。公元7世纪的长安，是真正的国际大都会，而大明宫，是这个大都会的核心。唐玄宗取得的成就，超过了历史上任何一个皇帝。这是一个充满

唐三彩

唐代鸳鸯莲瓣纹金碗

阳刚之气的时代，振奋人心、蓬勃向上，自信而开放，声威远播四海。开元时期，文治武功可谓达到了顶峰。唐王朝直辖321州，边疆800州，海内富庶，行者万里，不恃兵器。极盛时期，自长安出行6000千米才达到国境。

李华在《含元殿赋》中这样解释大明宫的含义："如日之升，则曰大明。"这是一个踌躇满志、信心百倍的时代，大度而不浮华，雄浑而不雕饰，大明宫含元殿是这个时代最好的写照。

3. 衰落

帝国在达到史无前例的繁荣之时，开始走向浮华衰败。史载，公元745年，唐玄宗立杨玉环为贵妃。从此，唐玄宗不理政事，国家大权相继落入李林甫和杨国忠手中。

公元736年，安禄山因罪被押往长安，但被唐玄宗赦免，并获得了皇帝无上信任，认杨贵妃为母。公元750年，安禄山被封为郡王。仅仅几年时间，安禄山成为大唐最有权势的封疆大吏。安禄山一人兼任三方节度使，兵力达

大明宫正面模型

到 20 万左右。当时，由于国家太平已久，整个帝国的兵力也不过 57 万人。是年 11 月，安禄山造反，15 万大军从北京南下，直逼大唐的东都洛阳；12 月 13 日，在几未遭到任何抵抗的情况下，安禄山进入洛阳城。当叛军直趋京城时，唐玄宗正与他心爱的女人杨贵妃纵酒放歌。

公元 756 年 6 月初，潼关陷落，长安已在叛军的视野之内。6 月 12 日黎明，年老的皇帝决定出逃四川。安禄山的军队进入长安城。长安陷入血雨腥风中，许多没有来得及出逃的皇室被残忍地杀死，乱军和土匪拥入大明宫，趁乱打劫。史书记载，大明宫的左藏库和大盈库被烧，财物被抢一空，有人甚至将毛驴赶进了宫殿。

从长安逃亡蜀地的路上，皇家卫队在一个叫马嵬坡的驿站发动兵变，杨贵妃被迫在一个佛堂前的梨树下自缢而死。公元 762 年 4 月，唐玄宗在孤独中死去。次年，持续了 8 年之久的安史之乱终于落下了帷幕。

4. 毁灭

公元 763 年，吐蕃军队攻入长安，唐代宗又一次选择了出逃。吐蕃人在长安城中大肆掠夺，焚毁房舍。史书记载，大明宫中的皇家府库遭到了洗劫。

公元783年，来自甘肃的藩镇军队哗变，攻入大明宫，唐德宗从大明宫北门出逃。

中唐以后，内侍省的宦官不仅掌握着皇家的禁军，而且把持朝政。他们不仅可以废立皇帝，就连皇帝的性命也控制在他们的手里。在大唐的历史上，至少有3位皇帝被宦官杀死。公元875年，年仅14岁的李俨继位，认宦官田令孜为阿父，这就是唐僖宗。同年，山东人黄巢起义，数十万农民军开始在大唐土地上来回驰骋。公元880年，当黄巢的起义军向长安挺近的时候，唐僖宗正主持一场耸人听闻的赌局，让4个高级官员用击马球的方式来决定任职的地方，获胜者有权选择最为富庶之地。这就是历史上臭名昭著的"击球赌三川"事件。不久，唐僖宗就走上了逃亡之路，成为大唐开国以来第四位逃离京城的皇帝。长安城一片大乱，军士及百姓争先恐后闯入皇家府库盗取金帛。大明宫又一次陷入血雨腥风当中。12月13日，黄巢在含元殿称帝。只是，这黄金甲给长安城带来的不是希望，而是无比巨大的灾难。农民军大肆抢劫，洗劫了这个世界上最富裕的城市。公元883年4月，当黄巢退出长安时，《旧唐书记载》，官军拥入城内，"争货相攻，纵火焚烧，宫室里坊，十焚六七"。

公元885年，游牧民族的沙陀军又入长安。大明宫在这次战乱中破坏惨重，含元殿、麟德殿均被焚毁。

公元885年3月，唐僖宗重返长安。然而，大明宫已经破毁不堪，荆棘满城、狐兔纵横……屡遭践踏的大明宫再也无法居住，唐僖宗只能迁入太极宫。从建成之日算起，222年之后，大明宫结束了大唐权力中枢的历史使命。

公元896年，一个节度

大明宫遗址

使攻入长安，大明宫又遭焚毁。

公元901年，节度使与宦官争权，大明宫被烧，几成废墟。

公元904年，节度使朱温夹持唐昭宗迁都洛阳，一同迁移的还有长安的居民。朱温下令毁掉长安的民房和宫殿，大明宫遭到毁灭性的打击，至此彻底沦为废墟。公元907年，唐哀帝被迫让位于节度使朱温，唐帝国正式灭亡。作为唐王朝的中枢，大明宫的命运和唐王朝的命运是紧紧相连的，当大明宫变成废墟的时候，唐帝国也接近了灭亡的尾声。

大明宫国家遗址公园

大明宫国家遗址公园

二、大明宫建筑风格

从现存遗址及史书记载可以知道，大明宫南宽北窄，西墙长2256米，北墙长1135米，东墙由东北角起向南（偏东）1260米，东折300米，然后再南折1050米与南墙相接，南墙是郭城的北墙，在大明宫范围内的部分长1674米。宫城全周长7628米。宫城除城门附近和拐角处内外表面砌砖外，其余皆夯土版筑。城墙的建筑分为城基和城墙两部分，城基宽13.5米、深1.1米。城墙筑在城基中间，两边比城基各窄进1.5米左右，底部宽10.5米。城墙转角处，其外侧两边15米之内，皆加宽2米余，有的内侧也同样加宽，估计该处城墙之上原有角楼之类的建筑物。北墙之北160米处和东、西墙外侧约50米处，有与城墙平行的夹城，其基宽约4米，夹城拐角处有的也包砌青砖。宫城四壁和北面夹城皆设门，其位置除南墙东部两门被今市区所压外，其他均已探得，各门只有南墙正中的丹凤门设5个门道，其余皆为 1 个门道。

大明宫北部有太液池，南部有 3 道平行的东西向的宫墙。宫内已探得亭殿遗址 30 余处，绝大部分在宫城北部，现已发掘的有大明宫正衙含元殿遗址和宴会群臣的麟德殿遗址。

含元殿龙朔二年（公元 662 年）开建，遗址位于丹凤门正北 610 米处的龙首原南沿上，基地高出平地 15.6 米。据现存遗迹可知：殿台基东西宽 15.9 米，南北长 41.3 米；殿面阔 13 间，进深 6 间，间隔广 5.3 米，殿外四周有宽 5 米余的副阶；殿左、右、后三面夯筑厚 1.3 米的土墙，墙内外壁涂白灰，底部并绘有朱红色边线；台基下周砌散水砖。台基前两侧各设高阁与大殿左右相连，两阁基址高出平地 15 米，周围包砌 60 厘米厚的砖壁。升殿的阶道即经此两阁下塌于地，若龙之垂尾，当时称之为"龙尾道"。大殿的正前方与丹凤门之间有长 600 多米的宽敞庭院。

含元殿遗址出土了许多黑色陶瓦，大者直径 23 厘米，大概是殿顶用瓦；小者直径 15 厘米，应该是廊顶用瓦。还出土有少量的绿琉璃瓦片，可知含元殿的铺瓦是使用了黑瓦顶绿琉璃脊和檐口的剪边做法。另外，从台基四周出土的残石柱和螭首等石刻残片可以得知台基周围原安有石栏和螭首等装饰。从以上的出土物及分析可以想见含元殿当年的恢宏与奢华。

麟德殿的兴建略迟于含元殿，遗址位于太液池西面隆起的高地上，西距宫城西墙仅 90 米。夯土台基南北长 130.41 米，东西宽 77.55 米，分上下两层，共高 5.7 米，台基周围砌砖壁，其下绕敷散水砖。台基上 3 座殿址前后毗连。前殿面阔约 58 米、11 间，进深 4 间，正中减六柱，前附副阶一间，副阶前有东西阶址。前殿后面是一个宽 6.2 米的过道，其北接中殿。中殿面阔同前殿，进深 5 间，以墙隔为左、中、右三室。前、中两殿和其间的过道地面原铺对缝严密的磨光矩形石块。后殿面阔同中殿，进深 3 间。后殿之后另附面阔 9 间、进深 3 间的建筑物。后殿与所附建

筑地面原铺方砖。全部建筑长约 85 米。中殿左右有东西亭方形台基一处。后殿左右有矩形楼阁台基一处，左右矩形楼阁台基各有向南延伸的廊址。廊址范围宽广，据说唐玄宗甚至曾在此处打球。

含元、麟德二殿遗迹，不仅规模宏大，其布局的改变更引人注目。高耸的正衙含元殿前列两高阁，并设有漫长的龙尾道。麟德三殿连建，翼以两楼两亭，并周绕回廊。两殿这种壮观与突出防卫性的附属结构相结合的设计，不同于殿堂布局的旧传统。这既反映了武则天初期着重内防的策略，又表明了自唐太宗以来，经济、文化的逐步繁荣，使初唐时期的建筑技术也出现了一个新的发展阶段。

知识小百科

重建大明宫的其他原因

史书记载，唐高宗患病，潮湿的太极宫无法居住，重建高爽的大明宫势在必行。很多学者认为，大明宫的重建还有其他的原因：至唐高宗时代，将近半个世纪的积累，大唐的威望日隆，声名远播的帝国急需一座与之匹配的皇宫；另一方面，太极宫地势低，不利于防变，而将要修建的大明宫高踞岗阜，既适于警卫宫廷内部，又可以掌握京城全局。公元662年，唐高宗下令再建大明宫。据载，为迅速建成大明宫，国库短时间内拨出15个州的赋税收入，又停发了各级官员一个月的俸禄，皇帝迁入大明宫的迫切心情确实超乎寻常。

大明宫复原图

第十三章

辽代都城遗址：契丹古文明的见证

公元907年，游牧于潢水（今内蒙古自治区赤峰市西拉木伦河畔）之滨的契丹民族建立了契丹国。耶律德光继帝位后改国号"辽"。为巩固疆土，加强统治，辽相继修建了上京临潢府（在今内蒙古自治区赤峰市林东镇）、东京辽阳府（今辽宁省辽阳市）、南京析津府（今北京市）、中京大定府（内蒙古自治区宁城县）、西京大同府（今山西省大同市），谓之辽代五京。

辽国有5个都城，这在历史上是很少见的，殊不知它们各有各的妙用。

辽国的五京在历史上有重要的作用，对繁荣商业，加强各民族间的联系、加速中国南北方之间的文化经济的交流与融合做出了一定贡献。

我们可以从辽的五京建制中看到辽和中原文化的深厚联系。契丹族从建国开始，便一直深受中原文明的影响，对中原文化有着深深的向往之心。契丹人勤劳勇敢，不断吸取各个民族的文明成果，并结合本民族的文化传统，形成了独具特色的契丹文明，这从其建筑城市中就可以看到。

契丹的祖先从来没有建过城池居住，都是住毡子做的帐房或用木头围起来的简易房屋。这种居住方式，正好适合契丹人逐水草而居的游牧生活。耶律阿保机建国后，才修建了辽国的都城，取名叫皇都。皇都位于黄河边上，依山靠水，不仅有自然天成的屏障，而且那里土地肥沃，适于种庄稼；水草丰茂，适宜放养牲畜。皇都的营建，是我国北方游牧民族发展史上的创举。从此以后，他们有了定居的生活方式，不再是单一的逐水草而居的游牧生活方式。辽皇都的营建，对后来的金朝和元朝都有很大的影响。辽代五京中东京、南京、西京都被后代延续使用至今。本章仅对现为遗址的上京和中京进行详细介绍。

一、辽上京遗址

上京为辽代五京之一,位于今内蒙古自治区巴林左旗林东镇南,居于西拉木伦河畔,负山抱海,天险足以为固,水草丰足便于畜牧。据文献记载,它是契丹建国之初设立的都城,也是我国古代漠北地区的第一座都城。史载,公元916年,耶律阿保机在龙化州(今敖汉旗东部)称帝建辽,

上京遗地发掘

公元918年命礼部尚书康默记充当版筑使建都城,仅百日便初具规模,名曰皇都。辽太祖死后,辽太宗即位继续营建皇都。公元938年,辽太宗改皇都为上京并设临潢府,但上京仍是辽圣宗以前的统治中心。辽上京作为辽之都城历经204年。公元1120年金兵攻占上京。金时将上京改为北京临潢路,至元代上京逐渐废弃。1961年国务院公布上京为全国重点文物保护单位。1962年开始勘测、试掘遗址。

上京城周长约6400米,城墙均夯土版筑,分南北二城,北名皇城,为皇族居所;南名汉城,是汉、渤海、回鹘等族和掠来的工匠居住的地方,其北墙即皇城南墙。两城相连呈"日"字形。两城建筑与布局是辽"以国制治契丹,以汉制待汉人"的政治制度的反映。皇城现仍遗存皇城残墙、雕花柱础、石刻观音像、龟形碑座和附属建筑南北二塔等,并出土了大量珍贵的文物。辽上京保留了许多游牧风习,具有典型契丹族特色。建筑极注重防御,有完整的城防设施。分为南北城,反映了契丹统治者对被统治民族的防范。汉城现存4门,城墙低矮,城内遗迹大部被白音戈洛河冲毁。

皇城位于北部,是契丹统治者居住区域,也是初筑的皇都。皇城略呈方形,城门外有瓮城。东、南、北三墙都呈直线,各长约1500米,城墙

上筑马面，西墙中段位于小土岗顶部，南、北两端向内曲折，全长约1850米，东、西、北三墙中部残存有门址，并加筑瓮城，各墙上残存有马面。西墙内的山岗顶部，有一组东向的建筑址，应是早期的宫殿遗迹，在此可以俯览全城。岗下有一大道直向东门，推测皇城最初是以东门为正门。扩建汉城后，城内主要建筑都改成南向，皇城南门改为正门。四面城门内都有大街直通大内宫墙外。大内位于皇城中央部位，宫墙墙基已残毁，大致探明约其形状为长方形，周长约2000米。内有宫殿、门阙、仓库等建筑基址，其中有两座大型宫殿，建筑在高约4米的台基上。皇城南部有不规整的街道及官署、府第、作坊和寺院基址，其中一座寺院内残存一躯高4.2米的石刻菩萨像，传为天雄寺遗址。皇城北部为空旷平坦地带，未发现建筑基址，应是文献所载契丹贵族搭设毡帐的地带。在城内西部发现的窑址，既生产典型辽风格的瓷器，也生产精致的仿定窑白瓷。

汉城位于南部，是汉、渤海、回鹘等族居住区域，其北墙即皇城南墙，东、南、西三墙系扩筑。墙身较皇城低窄，残墙最高3米，无马面，现已无法探明原有6座城门的具体位置。原来流经城南的小河，经过多次改道，自城西南角穿过东北角，将城内文化堆积层冲刷殆尽，仅余靠近皇城南门的小片地区。

城址附近现存砖塔两座。一座位于城址东南约3千米的山坡上，俗称南塔，为八角密檐式，残高约25米，尚存7层塔身及塔基，塔刹及檐椽都已塌毁。塔身第一层每面镶嵌高浮雕石刻佛、菩萨、天王、力士和飞天像。塔东南约50米处有辽代开悟寺遗址，此塔当是开悟寺塔。另一座位于城址北约1.5千米，俗称北塔，为六角密

南塔

檐式，仅存5层塔身，残高约6米，传为辽代宝积寺塔。

二、辽中京遗址

辽中京大定府位于内蒙古自治区赤峰市宁城县大明镇铁匠营乡。此城原建在老哈河冲积平原上，北有七金山（今九头山），西眺马盂山，南濒老哈河。900年前，这里气候温和，水草丰美，宜于农耕和放牧。史书记载，辽圣宗于统和二十二年（公元1004年）路过这里，遥望南方霞光闪烁，有城郭楼阁之状，一派瑞气，因而提议在此处建都。统和二十一年（公元1003年）开始修建，统和二十五年（公元1007年）基本建成。后来，这里又设立了大定府，辽代帝王常驻于此，接待宋朝的使臣。辽亡后，金代改称其为"北京路大定府"，元代又改称"大宁路"，明代初年在此设大宁卫，明太祖死后，诸王纷乱，此城亦遭战火毁坏。永乐元年（公元1403年）撤销卫所，从此沦为废墟。1959—1960年，内蒙古自治区文物工作队等单位对遗址进行了调查和考古发掘。

大宁塔遗址

1. 城市布局

辽中京的城市布局仿照北宋汴京开封的布局制度，有外城、内城和皇城三重。内外两城略呈"回"字形。城墙均用黄土夯筑，残迹最高约4米。

（1）外城。外城平面呈长方形，东西宽4200米，南北长3500米。南墙正中为朱夏门遗址，筑有瓮城，四

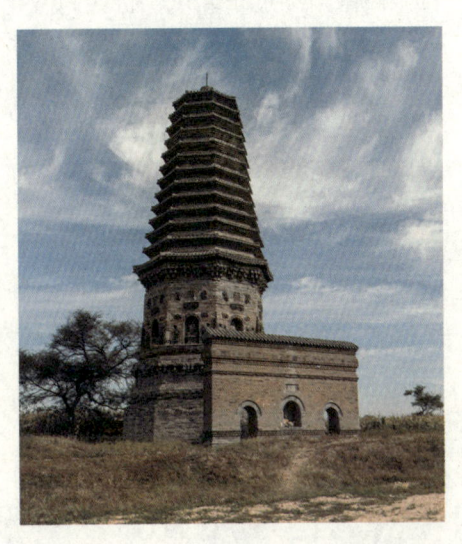

大宁塔

角有角楼遗址。外城南部按文献记载为汉族聚居区域，街道布置整齐，自朱夏门至内城南门间，有一条宽64米的中央大道，两旁挖有排水沟，沟用木板覆盖，穿通南城墙基泄水入河。朱夏门北约500米处有一市楼基址，呈马鞍形，残高4米。大道两侧各有对称的坊区4个，各坊都围有坊墙，在临中央大道的坊墙正中开设坊门。坊区北面至内城南门间的大道两侧，各有长约250米的廊舍遗址，应为市易交换的场所。此外尚有官署、驿馆、寺院等遗迹。外城西南隅有一处高约25米的山岗，自东麓至山顶分布许多寺庙遗址。

（2）内城。内城在外城的中部偏北，平面呈长方形，东西长2000米，南北宽1500米，城墙设有马面。城内多是空旷的地方，南墙正中为阳德门遗址，从阳德门到宫城南门闾阖门，有一条宽约40米的大道，两侧筑矮墙，墙外大都是空地，少有固定建筑物，按照文献记载应是守卫宫城士卒搭设毡帐的地区。在宫城南墙南约85米处，有一条东西向宽15米的道路与上述大道相交，各向东西两方伸延约180米，向北折转通入宫城的东、西两掖门内。

（3）皇城。皇城即宫城，城址位于内城北部的中央，平面呈正方形，每面长1000米，宫城的北墙即利用内城的北墙，另筑东、南、西三墙，现在仍可见到东、西两墙南端的角楼遗址。南墙及正中的闾阖门，都已不存在。闾阖门东、西180米处，发现有宽约15米的豁口，应为东、西掖门的门址，三门都有宽约8米的道路通入宫城。闾阖门北中轴线上有一处大型的宫殿遗址，东西两掖门内则各有两重宫殿遗址。

上京契丹辽文化产业园

2. 其他遗迹与文物

辽中京城内地面建筑已荡然无存，唯塔独立。在外城南部的东北角，靠近内城南墙的地方，保存有一座密檐式的砖塔，传说建于辽圣宗时，是中京城内感圣寺的舍利塔，现称"大明塔"。塔建在高约6米的土台基上，八角13层，砖砌密檐，净高74米，总高80.22米。塔基底径48.6米，塔体直径34米，在现存辽塔中雄居魁首。据《元一统志》载可能建于辽重熙四年（公元1035年）。塔身赤面有两行蒙文，内容是"大清咸丰甲寅年敬修"，为清代补修所写。塔座为须弥座，上部砌出仰莲瓣，经改造修建，成为每边宽14米、高17米的直壁。塔外的第一层每面嵌镶浮雕造像，正中镶成起券佛龛，龛内莲座上趺坐佛像，姿势各不相同，佛像两侧为菩萨、力士像，塑像之上砌出华盖，两侧上方各有飞天一对。这些浮雕刀法简练，线条流畅，形象庄严，是辽代雕塑艺术中的佳作。每面的转角柱都砌成塔形，上刻塔铭及佛名。塔的造型浑厚，规模宏大，是辽代佛塔建筑中的杰作。

在大明塔的西南方另有一塔，位于中央大道西面，高24米，俗称"小塔"，也是八角13层密檐，可能是辽代末年或金代的建筑。另在外城城外的西南方还

中京遗址文物

大明塔

有一座残砖塔，仅存塔身第一层以下部分，残高约6米，俗称"半截塔"。

辽中京遗址出土文物以建筑材料为大宗，有板瓦、筒瓦、滴水、砖等，还有屋脊、屋内砖质装饰物。此外有石刻和泥塑的佛造像、定窑白瓷片、仿定窑粗白瓷片、陶用器及北宋铜钱。

辽代佛真猞猁迤逻尼塔

知识小百科

大明塔的传说

很久以前，大明是片汪洋，住着一条10个脑袋的恶龙。一次恶龙发怒，冲出水面把天都顶破了，还是女娲给补上的。不知又过了多少年，盘古开天辟地造了不少大山和平地，恶龙回不了大海，肚子一饿就兴风作浪吞吃牲畜、野兽和人。人们为了生存，在每年四月初八这天，不管是住得远近，都得抬着猪，赶着牛、羊给它送去，恶龙每年还要吃一个童男和一个童女。

一年的四月初八，一对青年夫妇，背着儿，抱着女，哭哭啼啼，迈着沉重的脚步，走在人群里，原来是轮到他们将童男童女作为供品给恶龙送去。正在此时，王母娘娘的3个女儿驾着祥云在回宫时路过这里，按住云头观看此情景。三妹说："二位姐姐，恶龙作孽又要吃人了！"二姐说："叫它弄得人间妻离子散，家破人亡，人们哪有个太平的时候！"大姐说："我们姐妹三人，比不上它的道行，斗不过它，听妈妈说过，蟠桃园里从东南门进去，绕到西北角，第9999棵树的蟠桃核能治孽虫，能炸恶龙的头，十个蟠桃就可致恶龙于死地。可是看桃的天神把守很严，咱摘不来呀！"三姐妹商量一下，决定偷蟠桃，于是驾起祥云，来到蟠桃园外一看，守桃天神正好回天宫领旨。三姐妹立即进了东南门，绕到西北角顺着方向数呀数，数到第9999棵蟠桃树，立刻上树摘桃，刚摘了9个，忽听南天门打开了，大姐说："快走！守桃天神回来了。"三姐妹飞出了西北门，驾云来到大明上空。三姐妹落地变成村姑，手捧蟠桃随着人群来到恶龙的供品前，只见恶龙变成一只怪兽，张着血红的大嘴吞吃着送来的整猪、整羊、整牛。恶龙看见了童男童女，狂笑着吼道："哈……快把童男童女给我抱过来吃了！我就天上地下无敌了，玉皇大帝也得听我的了。"三姐妹一看孽龙如此狂妄，紧走几步，抢在抱童男童女的年轻夫妇前面，拿出了新鲜美丽的蟠桃，恶龙一见大喜："啊！仙桃！快快拿来让我先吃！"三姐妹没有急慢，便装作恭恭敬敬的样子，把仙桃献了上去。恶龙如恶狼扑食把9个蟠桃连核吞了下去。三姐妹暗喜。恶龙正要伸手抓童男童女，顷刻觉得腹内剧痛，脖子鼓大包，站立不住，打起转，翻身打滚，才知道上了当，喊道："你们3个妖女……"话音没落，只听"崩！崩！崩！……"9声巨响，震得大地晃了九晃，恶龙的9个脑袋脑浆迸裂，血溅沼泽，腾空而起，飞到大明城后落了地，变成了9个山头，即现在的九头山。

恶龙躺在血泊里昏迷过去，三姐妹一看恶龙还有一个头，知它不能死，就用各种神法治恶龙于死地，但这些法子都不顶用，三姐妹着了急，如果恶龙醒来，打到天宫去，她们姐妹就更吃罪不起了。正在这时，托塔天王巡天回宫交旨，路过这里，三姐妹赶紧迎了上去，说明事情根由，天王说："恶龙作孽累累，罪该万死！它神通广大，你们哪能是它的对手？我助你们一臂之力，你等需在恶龙的头、腰、尾各筑一塔，便大功告成。"说完，默念咒语，吐三口神气，那恶龙乖乖地翻了身。三姐妹谢过天王便忙于去筑塔。天王说："一个时辰，必须在天鼓响之前筑完。"说罢驾起祥云回天宫交旨。

大姐在恶龙头上筑大塔，二姐手慢点，在腰上筑小塔，三妹心灵手巧，在尾巴上筑中塔，她们各用神术，眼看着3座塔一寸一寸地往起长，不到半个时辰就要筑完。在开始修塔尖时，三妹塔下跑来一只野兔，蹦蹦跳跳地招人喜爱。三妹想：我抓住它后再回来筑塔不迟。于是跳下塔去追野兔去。霎时，天鼓已响，二位姐姐封好塔顶，驾云回天宫。三妹野兔没抓住，塔也没筑完，心里着急了，回来一看，恶龙被天鼓震醒，尾巴一摇，塔身倒了半截，砸在尾巴梢上，恶龙使劲地摇了9999下，一下子把尾巴摇断了，气绝身亡。断了的尾巴梢甩到了新开坝梁上，鲜血直流，流成了黑里河。三妹非常恼悔自己贪玩，误了大事，驾云追上二位姐姐说："我不回天宫了，在塔边看守恶龙不让它再复活，并让它向人们赎罪。"话音刚落，三妹化作美人石，立在恶龙的身边。

恶龙的9个头，血淋淋地落地变成九头山，所以现在九头山的石头都是红的。恶龙鲜红鲜红的血淹没了大明城，鲜红鲜红的血又变成了黑红黑红的血，黑红黑红的血又变了漆黑漆黑的血，漆黑漆黑的血变成了肥田沃土。人们撒下种子，收割庄稼，放牛放马，过起了美满安乐的生活。人们说："我们今天的福气，是王母娘娘的3个闺女修了大塔、小塔、半截塔才有的。"所以，每年四月初八日，人们都要给美人石烧香磕头。

中京砖塔图

第十四章

北宋东京遗址：画中的国际大都市

北宋东京遗址位于河南省开封市区及其周围。东京城又称汴京。始建于后周显德三年（公元956年）。公元960年，赵匡胤建立北宋王朝，定都开封，改名东京，历时167年，极盛时人口达150万上下，是全国第一大都市。北宋定都于此后，曾多次修筑。历史上曾多次遭受战乱破坏。明崇祯十五年（公元1642年）李自成率起义军第三次围攻开封时，周王朱恭枵串通官军掘开黄河堤，全城尽为泽国，自此故城大部被泥沙深埋地下，仅余外城残基址。清道光二十一年（公元1841年）黄河决口，外城残基也被淤没。

1981年河南省文物研究所和开封市博物馆联合组成开封宋城考古队，进行了多次调查、钻探和发掘，初步揭示出东京城遗址的面貌。1988年中华人民共和国国务院公布为全国重点文物保护单位。

一、三重城垣，国际大都会的气势

大量的考古勘探发掘表明，北宋东京城由外城、内城和皇城三重城垣构成其层层套叠的国际大都会，具有宏大的气势。

1. 外城

外城，又称新城、罗城，是东京军事防御的第一道屏障。外城是在后周时期周世宗柴荣所修筑的东京城的基础上增筑而来的，史载周长 50 里 165 步，"其高际天，坚壮雄伟"。由于历代的兵灾水患，昔日巍峨壮观的外城已遭到极大的破坏，并全部淤埋于地下 2—8 米的深处。

北宋东京城模型

经过多年的考古勘探发掘，外城的形制、北宋东京城平面实测图轮廓、范围及主要城门的位置已基本清楚。经实测，整个外城遗址呈一南北稍长、东西略短的长方形，其东墙约位于文庄至铁牛村南北一线、南墙约位于开封制药厂至郭屯村东西一线，西墙约位于南郑门村至开封林场南北一线，北墙约位于大北岗村至南官庄村东西一线，四墙与今开封城基本平行，全长 29120 米。

北宋时期，外城共有城门 14 座、水门 7 座，目前已探出的有南薰门（位于开封第 16 中学院内）、南郑门（位于河南省开封西郊南郑门村北）、万胜门（位于河南省开封西郊土城村附近）等 10 余座，多为直门两重或屈曲开门的瓮城门。尤其是西墙上的正门新郑门遗址，面积近 2 万平方米，其规模之大，在中国古代都城发展史上是罕见的。

2. 内城

内城，又称里城、旧城，是在唐汴州城的基础上修建而来的，而汴州城是在唐德宗建中二年（公元 781 年）由当时驻守在开封的汴州节度使李勉修筑的，时周长 10 千米 155 步，有城门 7 座。内城的位置、形制和部分门址也已基本探明。整个内城略呈正方形，其南墙位于今开封城南墙北约 300 米一线，北墙位于龙亭大殿北约 500 米的东西一线，东、西墙叠压在今开封城东、西墙的下面，四墙总长约 11550 米，与文献记载的唐汴州城的周长基本吻合，其面积较现存的开封明清城墙略小。北宋内城城门已增至 10 座，经考证，其东、西墙上的部分城门就叠压在今开封城东、西墙上的城门如宋门、曹门、大梁门等的下面。

3. 皇城

皇城，又称皇宫、宫城、大内和禁中等，是北宋时期皇帝的议事殿阁和寝宫所在地。经过考古勘探发掘，现已摸清了宋皇城的大致范围和形制，其大致位于今河南省开封市龙亭大殿前的潘阳湖一带。经实测，皇城呈东西略短、南北稍长的长方形，四墙总长 2500 米左右。皇城共辟有 6 扇门，其中宣德门是皇宫正门，高大雄壮，威严壮丽，因是高大门楼，故亦称宣德楼。20 世纪 80 年代中期，开封文物考古队在今开封新街口附近探出了一处早期门址，后经 90 年代勘探验证，该门址就是宣德门遗址。

二、四大河流，成就天下之枢

北宋时期的东京，不仅以宏伟的皇家宫殿著称于世、幽美的皇家园林流芳千古，而且其纵横交错、屈曲环绕的河流也使这座风流无尽的一代都城颇具江南水乡的特色。当时穿城而过的汴河、蔡河、金水河、五丈河 4 条河道在东京城附近构成了庞大的水利网，使京城的水利交通空前地发展起来，形成了"天下之枢"的有利地位，也极大地满足了东京城的物资供应。宋太祖赵匡胤曾风趣地将汴河、蔡河、五丈河比喻成为"京都三带"。后人称一代豪华的东京为"八方辐辏，万国咸通"的水陆大都会，在很大程度上是和其方便的水路运输以及上述 4 条河流所带来的丰富的水资源分不开的。

东京码头

1. 汴河

在4条河流中，最为著名的当数汴河，它当时东西横贯东京城，"首承大河，漕引江湖，利尽南海，半天下之财赋，并山泽之百货，悉由此路而进"，"故于诸水，莫此为重"。经过大量的考古工作探明，外城汴河西水门（今西郊土城村附近）至古州桥（今三毛时代购物广场前）之间约4000米的地段，河底深12—14米，河床宽20余米。同时，还初步探明了汴河上的东水门、西水门、汴河西角子门和古州桥等重要遗址。

2. 蔡河

北宋时期，蔡河横贯整个京城的南部，是仅次于汴河的第二大河流。近年来，开封文物考古队在旧城区南部的中山路至迎宾路之间的东西一线发掘了其一段遗迹，河底距地表深约11.5米，河床宽近20米，探明长度约800米，同时还基本上界定了其上的著名桥梁龙津桥（位于朱雀苑广场南约100米的中山路路面下）的位置。

3. 金水河

金水河是北宋时期流经东京城西北部的一条重要河流。因其水质清澈而甘甜，遂成为东京城内人们生活用水的主要河流。经过考古挖掘，已基本探明了金水河上的咸丰水门的位置，约位于今河南省开封市西北郊开封林场1号家属楼和林场饲养室之间的区域。

4. 五丈河

五丈河是北宋时期位于京城北部的一条主要河流，它"自新曹门北入京""岁漕百余万石"，在一定程度上保障了东京城的物资供应，为首都的繁荣做出了贡献。至于五丈河河道及其上水门和桥梁的位置，因尚未开展考古工作而知之甚少。

三、北宋东京城的桥梁

在北宋东京城诸多的桥梁中，已经考古调查勘探能界定出位置的，大致有州桥、龙津桥、相国寺桥、金明池中的仙桥等。如果说汴河、蔡河、五丈河、金水河就像是东京城内的4条翠绿色的玉带的话，那么，横跨于四河之上30余座桥梁，星罗棋布于东京城之间，更像是镶嵌在这4条玉带之上的一颗颗璀璨的明珠，给东京城平添了几分点缀，使其

在宏伟之中不失秀丽。如当时汴河之上有虹桥、相国寺桥、州桥等14座桥梁，蔡河之上有龙津桥、新桥等13座桥梁，金水河之上有白虎桥、横桥等3座桥梁，位于五丈河之上的有小横桥、广备桥等5座桥梁。这些桥梁的架设使东京城东西可以贯通，南北可以直达，极大地方便了东京城的交通运输，保证了东京城的物资供应，也给东京城人们的日常生活带来了诸多便利。

许多桥梁的位置，均处于东京城内的交通要道之上，如果说从宫城南门宣德门向南，经里城朱雀门直达外城南薰门的"御街"是当时全城布局的中轴线的话，那么，"御街"与汴河相交的州桥一带，则应是全城的正中心，其他如广备桥位于通往当时的重要驿站"陈桥驿"的要道之上；蔡市桥位于通往当时的重镇封丘的要道之上等。城区之内许多桥梁附近还成了城内的闹市区或商业中心，如从州桥向南到朱雀门外的龙津桥一带，是全城著名的商业区，闻名遐迩的"州桥夜市"就位于该处；汴河东水门外的虹桥一带，堪称当时东京城的东大门户；大相国寺前的相国寺桥处，其实是深入城区的一处汴河港口，或者可以说是东京城内的一处大型货物中转站。

在已经能界定出位置的诸桥之中，经过正式考古发掘的目前则仅有州桥。1984年8月，开封市政公司在大南门里中山路中段修筑大型下水管道，开封文物考古队在当时市皮鞋厂（今三毛时代购物广场前）的东侧探明了古州桥遗址，并对桥址作了初步考察：桥面距中山路地面深约4.5米，经实测，桥南北长17米，东西宽30米，基本保存完好。

四、北宋东京城的寺院

在遍布东京城内众多的佛教寺院中，以相国寺、开宝寺、天清寺、太平兴国寺最为著名，号称东京四大寺院。由于北宋最高统治者对佛教政策的转变，大力提倡佛教，致使北宋一代"士大夫多修佛学""崇道教，兴佛法""营佛事，创梵宫"几成时代风尚。在这种思想指导下，东京城内的许多宗教建筑，尤其是寺院建筑便如雨后春笋般地兴建起来。许多寺院修建的奢华程度，远非一般的官府可比，实乃东京城内除皇宫之外最为华美的

大相国寺

建筑群体。作为七朝古都的历史名城，开封至今仍保存着大相国寺、北宋开宝寺中的铁塔、天清寺中的繁塔等著名佛教建筑。

知识小百科

《清明上河图》

《清明上河图》是北宋宣和年间翰林张择端以东京开封为背景所创作的巨幅长卷风景画。

《清明上河图》以精致的工笔记录了北宋末叶、徽宗时代首都汴京郊区和城内汴河两岸的建筑和民生。全图分为3个段落描绘了清明时节北宋京城汴梁以及汴河两岸的繁华景象和自然风光，真实而清晰地反映了北宋京都的社会风貌，被举世公认为中国古代现实绘画的杰作。原图石渠宝笈三编本现藏于北京故宫博物院。

原作长525厘米，宽25.5厘米，画中人物648个，牲畜96头，房屋122座，各式桥梁5座，树木174棵，船只25艘，各式车辆15辆，轿子8顶。

作者以中国传统绘画长卷形式，采用全景鸟瞰式构图和散点透视的方法，步移景异，使人目不暇接。景物的远近、大小、疏密、动静都处理得恰到好处，使全图过渡自然、长而不冗、繁而不乱、严密紧凑、

一气呵成。大到浩荡的河流、雄伟的城楼,小到市招上的文字、舟车中的人物,都能真实自然和谐统一地在一起。

画中人物小如豆粒、大不及寸,但形神毕肖,各具情态。生活中各种情节无不表现得淋漓尽致,丰富多彩。在笔墨技巧上,工笔与写意相结合,色调柔和而古朴淡雅,显示了作者高超的写实技艺和对生活细致入微的观察体会,使观者"恍然如入汴京,置身流水游龙间,但少尘土扑面耳"。

清明上河图(局部)

参考文献

[1] 贾兰坡."北京人"的故居[M].北京：北京出版社，1958.

[2] 许宏.最早的中国[M].北京：科学出版社，2009.

[3] 肖平.古蜀文明与三星堆文化[M].成都：四川人民出版社，2002.

[4] 张东.重回河姆渡[M].上海：上海古籍出版社，2010.

[5] 林寿晋.半坡遗址综述[M].香港：香港中文大学出版社，1981.

[6] 中国历史博物馆编.中国古代史参考图录：原始社会[M].上海：上海教育出版社，1989.

[7] 唐际根.殷墟：一个王朝的背影[M].北京：科学出版社，2009.

[8] 杨作龙、韩石萍主编.洛阳考古集成·夏商图卷[M].北京：北京图书馆出版社，2005.

[9] 胡谦盈.周文化及相关遗存的发掘与研究[M].北京：科学出版社，2010.

[10] 杨焕宁、雷国胜.秦始皇与秦都咸阳[M].西安：西安三秦出版社，2005.

[11] 岳南.西部埋伏：秦始皇陵重大考古发现之谜[M].杭州：浙江人民出版社，2002.

[12] 李淑萍、芦建华.秦始皇兵马俑博物馆[M].成都：四川少年儿童出版社，2001.

[13] 中国社会科学院考古研究所编.西汉礼制建筑遗址[M].北京：文物出版社，2003.

[14] 中国社会科学院考古研究所、西安市大明宫遗址区改造保护领导小组编.唐大明宫遗址考古发现与研究[M].北京：文物出版社，2007.

[15] 刘春迎.北宋东京城研究[M].北京：科学出版社，2004.

[16] 齐心.北京元代史迹图志[M].北京：燕山出版社，2001.

[17] 中国社会科学院考古研究所文化遗产保护研究中心编.文化遗产研究[M].北京：科学出版社，2010.

[18] 曲英杰.古代城市[M].北京：文物出版社，2003.

[19] 宿白.魏晋南北朝唐宋考古文稿辑丛[M].北京：文物出版社，2011.

图片授权

中华图片库

北京全景视觉网络科技有限公司

林静文化摄影部